PRÉCIS

DE

GÉOGRAPHIE

ANCIENNE COMPARÉE.

CONSEIL ROYAL DE L'INSTRUCTION PUBLIQUE.

———

Extrait des procès-verbaux du Conseil royal de l'Instruction publique.

(Séance du 10 novembre 1823.)

LE CONSEIL ROYAL ARRÊTE CE QUI SUIT :

Le *Précis de Géographie ancienne et moderne comparées*, par M. ANSART, sera mis au nombre des livres classiques.

Le Grand-Maître,
Signé † DENIS, *Evêque d'Hermopolis.*

Le Conseiller Secrétaire-général,
Signé PETITOT.

Les deux exemplaires voulus par la loi ayant été déposés à la Direction de l'Imprimerie, je poursuivrai, selon la rigueur des lois, tout contrefacteur ou débitant d'édition contrefaite.

PARIS. — IMPRIMERIE DE CASIMIR,
Rue de la Vieille-Monnaie, n° 12.

PRÉCIS

DE

GÉOGRAPHIE

ANCIENNE COMPARÉE;

Ouvrage renfermant tous les détails qui peuvent faciliter
l'intelligence des auteurs classiques;

A L'USAGE DES CLASSES DE SIXIÈME :

ADOPTÉ

Par le Conseil royal de l'Instruction publique.

PAR F^x ANSART,

PROFESSEUR AU COLLÉGE ROYAL DE SAINT-LOUIS, MEMBRE DE LA
COMMISSION CENTRALE DE LA SOCIÉTÉ DE GÉOGRAPHIE.

DIXIÈME ÉDITION,

ACCOMPAGNÉE

D'UN ATLAS DRESSÉ PAR LE MÊME AUTEUR,

ET PRÉCÉDÉE DU PROGRAMME DES QUESTIONS ADOPTÉES POUR LE CONCOURS GÉNÉRAL
DES COLLÉGES DE PARIS ET DE VERSAILLES.

PARIS,

A LA LIBRAIRIE CLASSIQUE
DE MAIRE-NYON, QUAI CONTI, N° 13.

1833.

TABLEAU

DES

CARTES CONTENUES DANS L'ATLAS.

Il n'est personne qui ne sente qu'un Atlas est le complément indispensable de tout livre qui traite de la Géographie, pour qu'il puisse être étudié avec fruit. Celui que nous joignons à ce *Précis* a été gravé avec un soin et une netteté qui permettront aux plus jeunes élèves d'y retrouver facilement tout ce qui est indiqué dans leur livre. Il se compose des cartes suivantes :

1. Orbis vetus.
2. Imperium Romanum.
3. Gallia antiqua.
4. Italia antiqua.
5. Græcia antiqua.
6. Asia occidentalis.
7. Palæstina.

PRIX :

Sur papier vélin, cartonné avec soin. . . . . . 5 fr.
Chaque carte, prise séparément. . . . . . . 75 c.

AVERTISSEMENT.

L'ARRÊTÉ du Conseil royal de l'Instruction publique, qui laisse, comme par le passé, dans les classes de sixième de nos colléges, un cours de géographie, n'indique aucun changement dans la marche à suivre pour cet enseignement, ni dans le programme des questions qui doivent faire le sujet de la composition des prix au Concours général ; nous croyons donc faire une chose utile et agréable aux professeurs et aux élèves de sixième, en reproduisant à la tête de cette nouvelle édition du PRÉCIS DE GÉOGRAPHIE ANCIENNE COMPARÉE, *mis par l'Université au nombre des livres classiques* et suivi dans les classes, *le Programme adopté pour l'enseignement de la géographie ancienne comparée dans les colléges royaux et particuliers de Paris et de Versailles.*

Ce programme, que nous donnons ici tel qu'il a été imprimé en 1824, par ordre de l'Université, se compose de cinquante et une questions réparties, d'après leur importance, en trois séries, dans chacune desquelles on tire au sort une

a

question pour la composition des prix, qui se fait à la fin de l'année, au Concours général.

Cette composition comprend ainsi toujours une question importante appartenant à la première série, une d'une importance secondaire faisant partie de la seconde série, et une de peu d'importance prise dans la troisième série.

Je ne dirai rien du livre dont je donne ici la dixième édition. Ce succès, dû moins sans doute à son propre mérite qu'à la bienveillance éclairée de mes collègues et des chefs des grands établissemens d'instruction de l'Université, prouve au moins qu'il n'a pas été trouvé par des juges aussi éclairés inutile à l'enseignement. Je me bornerai à réclamer de toutes les personnes qui ont accueilli mon travail avec faveur la continuation de leur bienveillance, et surtout des bons conseils auxquels je dois la plupart des améliorations que mon ouvrage a éprouvées depuis dix ans qu'il est suivi dans les colléges.

PROGRAMME

ADOPTÉ POUR L'ENSEIGNEMENT

DE LA

GÉOGRAPHIE ANCIENNE
COMPARÉE (1),

DANS LES COLLÉGES ROYAUX ET PARTICULIERS DE PARIS
ET DE VERSAILLES.

1. LIMITES et divisions du monde connu des anciens.

2. Mers connues des anciens.

3. EUROPA. — Bornes et divisions générales.

   INSULÆ BRITANNICÆ. — Position et divisions principales.

4. BRITANNIA ROMANA. — Divisions, fleuves, villes principales et peuples dont elles étaient les capitales.

5. PICTI seu CALEDONIA. — Peuple et villes principales.

---

(1) Tous les noms anciens de pays, villes, montagnes, fleuves, etc., doivent être suivis des noms modernes correspondans toutes les fois qu'ils sont connus.

*a**

Les cinquante et une questions, dont se compose ce Programme, sont réparties, d'après leur importance, en trois séries, renfermant chacune dix-sept questions.

La première série comprend les numéro 2, 10, 11, 12, 13, 21, 22, 23, 24, 27, 28, 29, 30, 32, 37, 40 et 47.

La seconde série comprend les numéro 4, 6, 7, 8, 20, 26, 33, 34, 35, 36, 38, 44, 46, 48, 49, 5o et 51.

La troisième série enfin comprend les numéro 1, 3, 5', 9, 14, 15, 16, 17, 18, 19, 25, 31, 39, 41, 42, 43 et 45.

GÉOGRAPHIE ANCIENNE
COMPARÉE.

Limites et divisions du monde connu des Anciens.

1. L'ANCIEN continent renfermait toutes les connaissances géographiques des anciens. Ils le divisaient, comme nous, en trois parties, savoir : l'*Europe*, l'*Asie* et l'*Afrique*; mais il s'en fallait bien qu'ils en connussent toute l'étendue [*].

En Europe, la mer Baltique, au N., et l'Elbe, à l'E., bornaient les pays qui leur étaient réellement connus; car ils prenaient la Scandinavie pour une île, et savaient à peine le nom de la plus grande partie des peuples de la Germanie et de la Sarmatie. Ce ne fut même qu'après les expéditions des Romains qu'ils eurent des notions certaines sur les Gaules et la Bretagne.

En Asie, leurs connaissances, bornées au S. par la mer, s'étendaient un peu au N. de la mer Caspienne, et avaient pour bornes, au N. E., une ligne tirée de l'extrémité N. E. de cette mer au fond du *Magnus sinus* (golfe de Siam); encore ces limites renferment-elles, au N. et à l'E., des pays qui, tels que la Scythie et l'Inde, ne leur étaient presque connus que de nom, surtout avant l'expédition d'Alexandre.

En Afrique, ils ne connaissaient bien que les côtes de la Méditerranée, et avaient pénétré fort peu dans l'intérieur. Il paraît douteux, quoique Hérodote le rapporte, que des Phéniciens aient fait, sous le roi Néchao, le tour de cette vaste presqu'île.

---

[*] *Voyez*, dans mon atlas, la carte ORBIS VETUS.

1

Quant à l'*Amérique*, quoique quelques auteurs aient voulu la retrouver dans l'*Atlantide* de Platon, il est bien certain que ce vaste continent leur était entièrement inconnu.

Mers connues des Anciens.

2. MERS EXTÉRIEURES.—L'opinion que l'Océan était un grand fleuve qui fait le tour du monde, remonte à une haute antiquité; cependant les Grecs et les Romains ne connurent que deux des quatre mers extérieures qui entourent le globe, et auxquelles ils donnaient les noms suivants, savoir*: 1° l'Océan Atlantique, *Oceanus Atlanticus*, à l'O. 2° L'Océan Hyperborée, *Oceanus Hyperboreus*, au N., dans lequel ils ne tentèrent jamais de pénétrer, supposant que les eaux en étaient toujours glacées; d'où vient qu'ils lui donnaient quelquefois aussi le nom de *mare Pigrum*, mer Paresseuse. 3° L'Océan Erythrée ou mer des Indes, *Oceanus Erythræus* ou *Indicum mare*, au S. de l'Asie. 4° Enfin, l'Océan Oriental, *Oceanus Orientalis*, dont le nom seul leur était connu.

3. MERS QU'ELLES FORMENT. — Les trois premiers océans que nous venons de nommer formaient plusieurs mers particulières, savoir :

1° OCEANUS ATLANTICUS (l'Océan Atlantique), formait : — *Caledonium mare*, la mer de Calédonie (la mer d'Ecosse), au N. du pays dont elle portait le nom. — *Oceanus Septentrionalis* sive *Germanicus*, l'Océan Septentrional ou Germanique (mer du Nord ou d'Allemagne), entre la Bretagne, à l'O., la Chersonèse Cimbrique (Jutland), à l'E., et la Germanie (Allemagne et Pays-Bas), au S. — *Fretum Gallicum*, le détroit de Gaule (Pas-de-Calais), entre la Bretagne et

---

* *Voyez* les cartes ORBIS VETUS et IMPERIUM ROMANUM. Consultez aussi les cartes ITALIA et GRÆCIA ANTIQUA pour les mers qui avoisinent ces contrées.

3

la Gaule (France), et qui fait communiquer l'Océan Germanique avec l'Océan Britannique. — *Oceanus Britannicus* (la Manche), qui sépare aussi la Bretagne de la Gaule. — *Hibernicum* et *Verginium mare*, la mer d'Hibernie ou du couchant (le canal Saint-Georges et la mer d'Irlande), entre l'Hibernie (Irlande) et la Bretagne.—*Oceanus Aquitanicus* vel *Cantabricus*, l'Océan Aquitanique ou Cantabrique (golfe de Gascogne ou de Biscaye), entre les côtes de l'Aquitaine, province méridionale de la Gaule, et celle qu'habitaient les Cantabres, au N. de l'Espagne. — *Oceanus Æthiopicus*, l'Océan Éthiopien, qui baignait la côte occidentale de l'Afrique.

2° OCEANUS HYPERBOREUS (l'Océan Glacial Arctique), était regardé comme donnant naissance au grand golfe appelé *Codanus sinus* (la Baltique), et dont la partie située entre l'embouchure de l'Elbe et celle de la Vistule semble avoir été plus particulièrement désignée sous le nom de *Suevicum mare*, mer des Suèves, du peuple qui en habitait les bords; et la partie orientale, sous celui de *Sarmaticus Oceanus*, Océan Sarmatique, parce qu'il baignait les côtes de la Sarmatie. Nous savons aujourd'hui que ce prétendu golfe forme une mer intérieure qui communique, non avec la mer Glaciale, mais avec celle du Nord, par le détroit nommé, sur d'anciennes cartes, *sinus Codani Fauces* (Skager-Rack et Cattégat).

3° OCEANUS ERYTHRÆUS OU INDICUM MARE (l'Océan Indien), forme entre l'Arabie et l'Afrique un golfe profond appelé par les anciens *Avalites sinus*, golfe des Avalites, du peuple qui en habitait les bords. Ce golfe communiquait par le détroit de Diré, *Dire fretum*, avec le golfe Arabique, *Arabicus sinus* (la mer Rouge), situé entre l'Arabie à l'E., et l'Afrique à l'O. Cette mer formait encore trois autres golfes, savoir : *sinus Persicus* (le golfe Persique), entre l'Arabie, au S. O., et la Perse au N. E. — *Gangeticus sinus*, le golfe du Gange (le golfe de Bengale), entre les

deux Indes. — *Magnus sinus*, le Grand Golfe (probablement le golfe de Siam), où se terminaient les connaissances des anciens.

4. MERS INTÉRIEURES. — Les Mers Intérieures connues des anciens, en ne comprenant pas sous ce nom
les golfes *Codanus* et *Arabique*, dont nous avons déjà
parlé, se réduisent à deux, savoir : 1° *Caspium mare*
(la mer Caspienne), que les anciens ont prise long-
temps pour un golfe de l'Océan Hyperborée ; ils la
supposaient bien plus étendue de l'O. à l'E. qu'elle
ne l'est réellement, et lui donnaient, dans sa partie
S. E., le nom d'*Hyrcanum mare* (mer d'Hyrcanie),
du pays dont elle baignait les côtes ; 2° *Internum mare*,
la mer Intérieure proprement dite, appelée souvent
aussi par les anciens *Nostrum mare*, parce que c'était
la seule qu'ils connussent parfaitement. Elle mérite
d'être décrite avec détail.

5. INTERNUM MARE. — Cette mer, qui devait son nom
à sa situation au milieu des terres, se trouvait renfermée entre l'Europe, au N., l'Asie, à l'E., et l'Afrique,
au S. Elle communiquait avec l'Atlantique, à l'O., par
le détroit de Gadès, *Gaditanum fretum* (détroit de
Gibraltar), appelé aussi par les anciens détroit d'Hercule, *Herculeum*, parce qu'ils supposaient que c'était
ce héros qui avait ouvert cette communication entre
les deux mers, en séparant les montagnes *Calpe* (Gibraltar), située en Europe, et *Abyla* (Ceuta), en
Afrique, et appelées depuis les *Colonnes d'Hercule*.
Cette mer se divisait naturellement en six parties bien
distinctes, savoir : 1° la mer *Intérieure* proprement
dite ; 2° la mer *Adriatique* ; 3° la mer *Égée* ; 4° la *Propontide* ; 5° le *Pont-Euxin* ; et 6° le *Palus-Méotide*.

1° *Internum mare*, la mer Intérieure proprement
dite (Méditerranée), s'étendait depuis le détroit de
Gadès, à l'O., jusqu'à la Syrie et la Phénicie, à l'E.,
entre l'Europe, l'île de Crète et l'Asie Mineure (Anatolie), au N., et l'Afrique, au S. Elle prenait les noms
suivans, savoir : *Hispanicum*, *Balearicum* et *Iberi-*

cum mare, mer d'Espagne, des Baléares et d'Ibérie, entre l'Espagne et les îles Baléares. — *Gallicus sinus*, golfe de Gaule (golfe de Lyon), au S. de la Gaule Transalpine (France). — *Ligustinus sinus* ou *Ligustinum mare*, golfe ou mer de Ligurie (golfe de Gênes); au S. de la Ligurie (Etats Sardes). — *Sardoum mare*, mer de Sardaigne, à l'O. de l'île de ce nom. — *Tyrrhenum*, *Tuscum* et *Etruscum mare*, mer Tyrrhénienne ou de Toscane (mer de Sicile), entre les îles de Corse et de Sardaigne, à l'O., et l'Italie, à l'E. Les Romains l'appelaient aussi *Inferum mare*, mer Inférieure, la regardant comme au-dessous de leur pays. — *Siculum mare*, mer de Sicile, au S. du *fretum Siculum*, détroit de Sicile (Phare de Messine), qui sépare la Sicile de l'Italie. — *Tarentinus sinus* ou *Ausonium mare*, golfe de Tarente, ou mer d'Ausonie, au S. de l'Italie. — *Ionium mare* (mer Ionienne), entre l'Italie et la Grèce. — *Creticum mare*, mer de Crète, autour de l'île de ce nom. — *Africum* et *Libycum mare*, mer d'Afrique et de Libye, le long de la côte d'Afrique, sur laquelle elle forme deux golfes profonds, appelés *Syrtis minor* (golfe de Gabès), et *Syrtis major* (golfe de la Sidre). — *Aulon Cilicius*, canal de Cilicie, entre l'île de Chypre et la Cilicie (pays d'Itchil, dans l'Anatolie). — *Magnum mare*, Grande mer, sur la côte de la Syrie et de la Phénicie; nom qui lui avait été donné par les Phéniciens et les Hébreux, par opposition avec le lac *Asphaltite*, ou la mer *Morte*, située à l'E. de leur pays.

2° *Adriaticum mare*, la mer Adriatique (golfe de Venise), était souvent appelée aussi par les Romains *mare Superum*, mer Supérieure, par opposition avec la mer Inférieure, dont nous avons parlé. Elle forme au N. E. le *Tergestinus sinus* (golfe de Trieste).

3° *Ægeum mare*, la mer Égée (Archipel), tirait, dit-on, son nom d'Egée, roi d'Athènes, qui s'y précipita, croyant que son fils Thésée avait péri dans son expédition contre le Minotaure. Elle comprenait

ce vaste espace de mer parsemé d'îles qui sépare l'Asie
Mineure de la Grèce, et se divisait en quatre parties,
savoir : *Ægeum mare*, proprement dite, au N. —
Myrtoum mare, la mer de Myrtos, entre la Grèce et
les Cyclades. — *Icarium mare*, la mer Icarienne, à
l'E. de la précédente, célèbre dans les poëtes par la
chute d'Icare, qui lui donna son nom, ainsi qu'à la
principale de ses îles (Nicaria). — *Carpathium mare*
(la mer de Scarpanto), au S. de la précédente, ainsi
nommée de l'île *Carpathos* (Scarpanto).

4° *Propontis*, la Propontide (mer de Marmara),
placée entre la Thrace, au N. O., et l'Asie Mineure,
au S. E., communiquait au S. O. avec la mer Égée
par l'Hellespont, *Hellespontus* (détroit des Darda-
nelles), qui tirait son nom d'Hellé, fille d'Athamas,
roi de Thèbes, qui s'y noya. Vis-à-vis *Abydos*, ce
détroit n'a pas plus d'un quart de lieue de largeur. Ce
fut en cet endroit que Xerxès ordonna de construire
un pont pour faire passer son armée en Europe.

5° *Pontus Euxinus*, le Pont-Euxin (mer Noire),
situé entre la Sarmatie, au N., et l'Asie Mineure, au
S., communiquait au S. O. avec la Propontide par
le Bosphore de Thrace (canal de Constantinople). On
ignore l'origine de son nom ; de fréquentes tempêtes
en rendent la navigation fort dangereuse.

6° *Palus Mæotis*, le Palus-Méotide (mer d'Azof ou
de Zabache), situé entre la Chersonèse Taurique
(Crimée) et la Sarmatie, était joint au Pont-Euxin, au
S., par le Bosphore Cimmérien * (détroit d'Iénikalé
ou de Caffa). La partie S. O. recevait quelquefois le
nom de *Putridum mare* (mer Putride), à cause des
vapeurs malsaines qui s'en exhalent.

---

* Les détroits qui font communiquer le Pont-Euxin avec la
Propontide et le Palus-Méotide avaient reçu le nom de *Bos-
phores*, parce qu'ils sont assez resserrés pour qu'un bœuf puisse
les traverser à la nage.

EUROPA*.

6. BORNES. — L'Europe connue des anciens était bornée au N. par l'Océan Sarmatique, le golfe *Codanus*, et l'Océan Germanique ; à l'O., par le détroit de Gaule, l'Océan Britannique et l'Océan Atlantique ; au S., par le détroit de Gadès, et la mer Intérieure ; enfin, à l'E., par la mer Egée, l'Hellespont, la Propontide, le Bosphore de Thrace, le Pont-Euxin, le Bosphore Cimmérien, le Palus-Méotide et le Tanaïs. Au N. E., de vastes contrées peu connues, désignées sous les noms de *Sarmatie* et de *Scythie*, s'étendaient jusqu'au Tanaïs (Don), qui séparait la Scythie d'Europe de celle d'Asie.

7. DIVISIONS GÉNÉRALES. — On peut diviser l'Europe ancienne en dix-neuf parties : les *Iles Britanniques*, la *Chersonèse Cimbrique*, la *Scandinavie* et la *Sarmatie*, au N. ; la *Gaule*, la *Germanie*, la *Vindélicie*, la *Rhétie*, le *Norique*, la *Pannonie*, la *Dacie* et l'*Illyrie*, au centre ; l'*Espagne*, l'*Italie*, la *Mésie*, la *Thrace*, la *Macédoine*, l'*Épire* et la *Grèce*, avec les îles qui l'entourent, au S.

INSULÆ BRITANNICÆ.

8. POSITION ET DIVISIONS PRINCIPALES. — Les Iles Britanniques, dont les Romains n'eurent connaissance qu'après l'expédition de Jules-César, se composaient de deux grandes îles, savoir : *Britannia*, la Bretagne, à l'E., et *Hibernia*, l'Hibernie, à l'O., et de plusieurs petites, que nous nommerons ci-après.

---

* Consultez la carte IMPERIUM ROMANUM.

La Bretagne, que les Romains nommaient aussi *Albion*, à cause de la blancheur de ses côtes, se divisait en deux parties : *Britannia Romana*, la Bretagne Romaine, au S., et *Caledonia* ou *Picti*, la Calédonie ou pays des Pictes, au N. Ces deux pays n'ont pas toujours conservé les mêmes limites : les Pictes ayant sans cesse été repoussés de plus en plus vers le nord, d'abord par Adrien, et ensuite par Sévère, qui firent construire chacun un mur, pour préserver la Bretagne Romaine des incursions de ces barbares.

BRITANNIA ROMANA.

9. DIVISION. — La Bretagne Romaine, divisée par les Romains en cinq provinces, dont il est impossible de fixer les limites avec exactitude, se composait de deux parties principales, la *Province Romaine proprement dite, au S., et la province comprise entre le mur d'Adrien et celui de Sévère, au N.*

FLEUVES. — *Tamesis* (la Tamise), *Abus* (l'Humber), *Sabrina* (la Severn), qui se jette dans un golfe profond nommé *Sabrinæ æstuarium* (canal de Bristol).

10. La province Romaine (Angleterre propre et principauté de Galles), au S. de l'île, et bornée au N. par le mur d'Adrien, comprenait quatre des cinq provinces formées dans la Bretagne Romaine.

11. VILLES ET PEUPLES REMARQUABLES.

DUROVERNUM (Cantorbéry), au S. E., vers le détroit qui sépare la Bretagne de la Gaule ; capitale des Cantiens, *Cantii* (dans le comté de Kent, qui a conservé leur nom). On trouvait encore dans leur pays les trois ports suivans : — RUTUPLÆ (Sandwich), qui paraît avoir été le plus fréquenté sous les empereurs romains. — DUBRIS (Douvres), qui devint, avec le temps, plus célèbre que le précédent. — LEMANIS PORTUS (West Hythe), au S. O. de Douvres. Il paraît que ce fut en cet endroit que César descendit dans l'île.

Isca Silurum (Caër-Leon), vers l'embouchure de la *Sabrina* (Severn) ; capitale des *Silures*, dont un des rois, nommé Caractacus, se rendit célèbre par ses exploits, et fut fait prisonnier par les Romains.

Londinium (Londres), sur la Tamise. Elle était déjà très-célèbre par son commerce du temps de Tacite, et devint promptement la ville la plus importante de toute l'île. — Camalodunum (détruite, près de Col-chester), au N. E. de Londres. Ces deux villes tenaient le premier rang dans le pays des Trinobantes, *Trinobantes*, qui se soumirent volontairement à César.

Venta Icenorum (Caster, près de Norwich), au N. E. de Camalodunum; capitale des Icènes, *Iceni*, l'une des plus puissantes nations de la Bretagne, qui se révolta, sous le règne de Néron, à l'instigation de Boadicée, qui en était reine, et qui se rendit célèbre par son courage héroïque.

Eboracum (York), au N. O. de Londres; capitale des *Brigantes*, peuple nombreux et puissant qui occupait tout l'espace compris entre les deux mers. Elle fut fortifiée par les Romains, qui y établirent le siége des gouverneurs de la Grande-Bretagne. Les empereurs Septime-Sévère et Constance-Chlore la choisirent aussi pour le lieu de leur résidence, pendant leur séjour dans la Bretagne, et y moururent tous les deux.

12. La province comprise entre le mur d'Adrien, long de 27 lieues, du golfe *Ituna* (golfe du Solway), au S. O., à l'embouchure de la *Tina* (Tyne), à l'E., et celui de Septime-Sévère, long de 11 lieues, de la rivière *Glota* (la Clyde), au golfe *Bodotria* (golfe de Forth), (le Northumberland et la partie méridionale de l'Écosse), renfermait la cinquième province de la Bretagne Romaine.

Ville. — Alata Castra (Édimbourg), près du golfe *Bodotria*.

PICTI SEU CALEDONIA.

13. PEUPLES QUI L'HABITAIENT. — Le pays des Pictes ou Calédoniens, situé au N. du mur de Septime-Sévère (partie septentrionale de l'Écosse), était fort peu connu des Romains, qui donnèrent aux Calédoniens le nom de Pictes, à cause de l'usage qu'avaient ces peuples de se peindre le corps de diverses figures, qu'ils regardaient comme leurs principaux ornemens.

14. VILLES. — VICTORIA (Stirling), à peu de distance du mur de Septime-Sévère, fondée sans doute par Agricola en mémoire d'une victoire qu'il remporta sur les Calédoniens, vers le mont *Grampius* (Grampian), la seule montagne de l'Écosse qui paraisse avoir été connue dans l'antiquité. — DEVANA (vieux Aberdeen), au N. E. de Victoria, sur l'Océan Germanique.

HIBERNIA.

15. PEUPLES QUI L'HABITAIENT. — L'Hibernie (Irlande) portait aussi le nom d'*Ierne*, qu'on retrouve dans celui d'*Erin*, que lui donnent encore ses habitans. Ses principaux peuples étaient des *Brigantes* venus sans doute de la Bretagne, qui en occupaient la partie méridionale; et les Scots, *Scoti*, qui en sortirent au cinquième siècle pour envahir le nord de la Bretagne, qui a pris leur nom, *Scotia* (Écosse).

FLEUVE. — *Senus* (le Shannon).

VILLES. — IERNIS, qui paraît avoir été la principale, dans l'intérieur (près de Cashil). — REGIA (Armagh), vers le N. — EBLANA (probablement Dublin), sur la côte orientale.

BRITANNICÆ INSULÆ MINORES.

16. Les plus remarquables des petites îles qui faisaient partie des Iles Britanniques étaient :

Vectis insula (île de Wight), au S. de la Bretagne Romaine, dont elle est séparée par un détroit de moins d'une lieue de largeur, que le reflux laissait autrefois à découvert. Vespasien la soumit aux Romains sous le règne de Claude.

Cassiterides insulæ (îles Sorlingues ou de Scilly), au S. O. de la Bretagne, vis-à-vis le promontoire *Bolerium* (Land's end ou Finistère). Elles étaient appelées Cassitérides, d'un mot grec qui signifie *étain*, parce que ce métal s'y trouve en abondance. Les Phéniciens, qui les découvrirent, désirant conserver seuls le commerce très-productif qu'ils en faisaient, cachèrent soigneusement aux autres nations la position de ces îles, qui fut ignorée pendant fort long-temps.

17. Mona insula (île d'Anglesey), dans le canal qui séparait l'Hibernie de la Bretagne, à peu de distance de cette dernière. C'était la principale retraite des druides, prêtres de la Gaule et de la Bretagne, qui immolaient des victimes humaines dans leurs bois sacrés. Cette île fut soumise aux Romains par Agricola. — Monabia insula (île de Man), au N. de Mona.

18. Ebudes insulæ (îles Westernes ou Hébrides), à l'O. de la Calédonie. On dit qu'elles étaient gouvernées par un roi qui ne possédait aucune richesse, et qui était même nourri aux dépens du public, afin que l'avarice ne le portât point à devenir injuste.

Orcades insulæ (îles Orcades), au N. de la Calédonie. Elles furent soumises aux Romains par la flotte qui fit le tour de la Bretagne, du temps d'Agricola.

Thule (probablement la plus grande des Shetlands). Cette île, que Virgile appelle *ultima Thule*, parce que c'était la terre la plus reculée dont les Romains eussent connaissance, avait été découverte environ trois siècles auparavant, par Pithéas de Marseille, qui, partant de la pointe la plus septentrionale de la Calédonie, y arriva en six jours.

CIMBRICA CHERSONESUS.

19. POSITION. — La Chersonèse Cimbrique (Jutland, duché de Sleswig et Holstein, provinces du Da
nemark), était située au N. de l'embouchure de l'Elbe;
elle avait à l'O. l'Océan Germanique; au N. et à
l'E. le golfe *Codanus*.

20. PEUPLES QUI L'HABITAIENT. — Cette presqu'île
tirait son nom des Cimbres, *Cimbri*, qui en étaient
la nation la plus puissante avant les incursions qu'ils
firent en Europe joints aux Teutons, *Teutones*, que
l'on croit avoir été leurs voisins et avoir habité les îles
du Danemark; ils avaient formé le projet de marcher
sur Rome, et voulaient l'exécuter, quand Marius
tailla en pièces les Teutons, près d'Aix en Provence,
et défit entièrement les Cimbres dans les champs
Raudiens, près de Milan. — Quelques siècles plus
tard, on trouve dans la partie méridionale de la Chersonèse (duché de Sleswig et Holstein) les Saxons,
Saxones, qui par la suite traversèrent l'Elbe, et de-
vinrent un des peuples les plus puissans de la Germanie, et les Angles, *Angli*, qui, joints aux Saxons,
passèrent, au cinquième siècle, dans la Grande-Bretagne, et donnèrent leur nom à l'Angleterre.

SCANDINAVIA.

21. POSITION. — La Scandinavie (la Suède et la Norwége), était regardée par les anciens comme une île
de l'Océan Hyperborée ou *mare Pigrum*, auquel les
Cimbres donnaient le nom de *Mori-Marusa*, qui signifie *mer morte*, et qui formait vers le S. le *sinus
Codanus*. Ils ignoraient la grandeur de cette île pré-
tendue, connaissant seulement de nom quelques-uns
des peuples qui l'habitaient.

22. PEUPLES. — Les plus connus étaient :
HILLEVIONES, les Hillevions (dans la Scanie ou Scho-
nen, province la plus méridionale de la Suède), na-

tion fort nombreuse, la seule que connussent les Romains au temps de Pline.

Gutæ, les Gutes ou Jutes, d'où l'on veut que le Jutland ait tiré son nom; d'autres veulent que ce soit le même peuple que les *Goths*, auxquels ils donnent à tort pour berceau l'île de Goth-Land, dans la Baltique, d'où ils auraient passé d'abord sur le continent voisin, et de là dans le reste de l'Europe, où ils jouèrent un grand rôle dans le moyen âge.

Suiones, les Suions, peuple navigateur et assez civilisé, qui paraît avoir habité le pays nommé encore *Sueonia* dans le moyen âge, et qui est aujourd'hui la Suède.

Sitones, les Sitons, séparés des Suions par le mont *Sevo* (partie des Dophrines), étaient gouvernés par une femme, suivant Tacite, et paraissent devoir être placés dans le pays nommé *Nerigon* (la Norwége), où se trouvait le port de *Bergo* (Berghen).

Ce furent ces peuples qui, sous le nom de *Normands*, hommes du nord, firent en France de si cruels ravages dans le 9e et le 10e siècle, jusqu'à ce qu'ils se fussent enfin établis dans la province qui porte leur nom.

23. Iles. — Les différentes îles du *sinus Codanus*, qui forment aujourd'hui partie du Danemark, furent connues des Romains, quoique d'une manière assez confuse. Ils leur donnaient en général le nom de *Scandiæ Insulæ*; mais celle qu'ils désignent plus spécialement sous le nom de *Scandia* paraît répondre à la Scanie, où nous avons cru devoir placer les Hillevions (22). C'est probablement du nom de *Baltia*, que portait l'une de ces îles, que la mer Baltique a pris le sien.

SARMATIA EUROPÆA.

24. Bornes. — Les anciens comprenaient, sous le nom de Sarmatie Européenne, cette vaste contrée qui s'étend au N. de la Dacie et du Pont-Euxin, depuis la Vistule, qui la séparait de la Germanie à l'O.,

jusqu'au **Palus-Méotide** et au **Tanaïs**, qui la séparaient de la **Sarmatie Asiatique** à l'E. Ses limites au
N. leur étaient inconnues ; ils supposaient qu'elle était
terminée de ce côté par l'Océan Hyperborée. (Toute
la partie de la Pologne et de la Prusse qui est à l'E.
de la Vistule, et presque toute la Russie d'Europe.)

FLEUVES. — *Borysthenes*, appelé ensuite *Danapris*
(le Dniepr), *Rubo* (le Russ ou Niémen), et *Turuntus*
(la Duna).

PEUPLES. — Les plus connus étaient :

25. VENEDI ou *Venedæ*, les Vénèdes, qui paraissent avoir occupé toute la côte de l'Océan Sarmatique, depuis la Vistule jusqu'au golfe de Riga ; l'un
des principaux peuples de la Sarmatie ; ils passèrent
même la Vistule, et s'emparèrent des côtes du golfe
Codanus jusqu'à l'Elbe, abandonnées par les Vandales vers la fin du quatrième siècle. On peut regarder
comme ayant fait partie de cette nation :

GOTHONES, les Gothons, regardés par quelques auteurs comme les ancêtres des Goths ; et ÆSTIÆI, les
Estiéens, dont le nom s'est conservé dans celui de
l'*Estonie*. C'est sur les côtes habitées par ces peuples
que la mer jette l'ambre jaune, *succinum* ou *electrum*,
qui était fort recherché des anciens.

26. FENNÆ ou *Finni*, les Fennes ou Finnois, qui ont
donné leur nom au pays appelé *Finningia* (la Fin-
lande), étaient une nation particulière, ayant son langage propre, et qui paraît avoir peuplé le nord de
l'Europe et de l'Asie.

HYPERBOREI, les Hyperboréens, que les anciens plaçaient au-delà des monts Riphées, et sur lesquels ils
débitaient beaucoup de fables. Ils rendaient un culte
particulier à Apollon, et envoyaient tous les ans des
offrandes à Délos.

BASTARNÆ, les Bastarnes, au S. E. des Vénèdes,
dans la partie de la Sarmatie qui touchait aux monts
Carpathes, dont une partie avait pris d'eux le nom
d'*Alpes Bastarnicæ*. Ils s'étendaient même d   &.LS

Dacie jusque vers les embouchures du Danube, **entre lesquelles** se trouvait l'île appelée *Peuce* (227), qui leur faisait donner aussi le nom de *Peucini*.

AGATHYRSI, les Agathyrses, à l'E. des Vénèdes; ils habitaient des huttes portées sur des roues, se plaisaient à couvrir d'or leurs habits, et se peignaient le corps en bleu.

SAUROMATÆ, les Sauromates ou Sarmates, nation issue, disait-on, des Scythes et des Amazones, qui, venues sans doute de l'Asie Mineure, avaient abordé à *Cremni*, sur le Palus-Méotide. Chez ce peuple, les femmes mêmes montaient à cheval, et accompagnaient leurs maris à la guerre.

BORUSCI, les Borusses, qui dans la suite ont donné leur nom à la Prusse.

IAZIGES et ROXOLANI, les Iaziges et les Roxolans, qui ne devaient pas être fort éloignés du Palus - Méotide (peut-être dans l'Ukraine ou pays des Cosaques).

BUDINI, les Budins, peuple nombreux qui n'avait pas de demeure fixe, vers le S.

GELONI, les Gélons, qui habitaient d'abord sur la rive droite du Borysthène (au S. de Kiof), mais qui, dans la suite, s'avancèrent, à ce qu'il paraît, vers la Thrace, au voisinage du mont Rhodope; ils avaient une ville nommée GELONUS, bâtie tout en bois, que Darius brûla.

27. VILLES. — Il s'en trouvait quelques - unes répandues sur la côte du Pont - Euxin, dans la contrée nommée par quelques auteurs *Parva Scythia,* Petite Scythie, parce que les peuples qui l'habitaient étaient Scythes d'origine. Ces villes avaient été fondées par les Grecs, et en particulier par les Milésiens. Les plus remarquables étaient :

ODESSUS ou *Ordessus* (sur la place de Bérézen), sur un petit golfe formé par le Pont-Euxin, au N. O. de l'embouchure du Borysthène; port célèbre.

OLBIA, un peu au-dessus de l'embouchure du Borysthène, à l'endroit où il reçoit l'*Hypanis* (Boug).

C'était une colonie de Milet, d'où vient qu'on lui donne quelquefois le nom de *Miletopolis;* sa situation lui a fait donner aussi assez souvent le nom de *Borysthenes.* Elle était très-commerçante.

CARCINE, à l'extrémité du golfe appelé *Carcinites sinus* (golfe de Négropoli), formé par le Pont-Euxin, au N. O. de la Chersonèse Taurique.

TAURICA CHERSONESUS.

28. POSITION ET PEUPLE QUI L'HABITAIT. — La Chersonèse Taurique (Crimée) est une presqu'île formée, au S. de la Sarmatie d'Europe, par le golfe Carcinite et le Pont-Euxin, à l'O. et au S. ; par le Bosphore Cimmérien, qui la séparait de l'Asie, à l'E.; et par le Palus-Méotide, au N. E. Elle ne tient au continent, vers le N. O., que par un isthme de peu de largeur, et est terminée au S. par un cap très-élevé nommé *Criu Metopon,* ou front de bélier (Karadje Bouroun), qui fait face au cap *Carambis* (Kérempéh), en Paphlagonie.

Ce pays a pris son nom des Tauro-Scythes, peuple cruel et barbare qui immolait à Diane tous les étrangers qui abordaient sur ses rivages : ce qui a donné lieu à la fable d'Iphigénie, fille d'Agamemnon, transportée en Tauride par Diane, et établie prêtresse de cette déesse par Thoas, roi du pays.

29. VILLES. — Elles furent toutes fondées par des colonies Grecques. Les principales étaient :

TAPHRÆ (Pérécop), sur l'isthme qui joint la presqu'île au continent. Elle tire son nom d'un mot grec qui signifie *fossé,* parce qu'elle était voisine d'un fossé qu'on avait creusé pour fermer l'entrée de la Chersonèse.

CHERSONESUS (près de Sébastopol), au S. O. de la presqu'île, fondée par des Grecs sortis d'*Heraclea Pontica* en Bithynie (314); elle fut long-temps assez puissante.

THEODOSIA (Caffa), ville maritime, sur la côte S. E.

PANTICAPEUM (Kerché), sur le Bosphore, avec une forteresse construite par les Milésiens. Elle devint la capitale de cette contrée et le séjour ordinaire des rois du Bosphore. Ce petit royaume comprenait une partie de la Chersonèse, et le pays à l'E. du Bosphore. Après avoir eu long-temps ses rois particuliers, il fut cédé à Mithridate le Grand, roi de Pont, par le dernier d'entre eux, nommé *Parisades,* qui se crut incapable de résister aux Scythes, qui s'étaient rendus maîtres de la plus grande partie de la Tauride.

GALLIA *.

3o. SES BORNES. — La Gaule, appelée par les Romains Gaule Transalpine, c'est-à-dire au-delà des Alpes, était bornée à l'O. par l'Océan Atlantique, au S. par les Pyrénées et le *sinus Gallicus* (golfe de Lyon), formé par la Méditerranée; à l'E. par les Alpes et le Rhin; et au N. par ce dernier fleuve et par l'Océan Germanique. Elle comprenait ainsi, outre la France actuelle, une partie des Etats Sardes et de la Suisse, la portion du grand-duché du Bas-Rhin qui est sur la rive gauche de ce fleuve, et la plus grande partie des Pays-Bas.

3i. SES DIVISIONS GÉNÉRALES. — Lorsque César en fit la conquête, elle se divisait en quatre parties principales : la Belgique, au N.; la Celtique, au milieu; l'Aquitaine, au S. O.; et la *Provincia Romana,* au S. E. Les trois premières portaient en général le nom de *Gallia Comata,* parce que ses habitans gardaient leurs cheveux longs, et la dernière, celui de *Gallia Braccata,* à cause du haut-de-chausses qui faisait partie du vêtement de ses habitans. Auguste, en conservant cette division, fit quelques changemens dans l'étendue respective des quatre provinces, et donna le nom de *Lyonnaise* à la Celtique, et celui de *Nar-*

---

* Consultez la carte GALLIA ANTIQUA.

bonnaise à la Province Romaine. Leurs subdivisions formèrent dix-sept provinces, dont chacune avait sa métropole.

I. BELGICA.

32. POSITION ET DIVISIONS. — La Belgique occupait tout le nord de la Gaule, et se divisait en quatre provinces, savoir : la *Germanie Supérieure*, à l'E. ; la *Germanie Inférieure*, au N. E.; la *Première Belgique*, à l'O. de la Germanie Supérieure, et la *Seconde Belgique*, à l'O. de la Première et de la Germanie Inférieure.

33. I. GERMANIA SUPERIOR VEL PRIMA. — Cette province s'étendait sur la rive gauche du Rhin, entre ce fleuve et les Vosges, *Vogesus mons.*

PEUPLES ET VILLES REMARQUABLES :

34. TRIBOCI, les Triboques, au S. (département du Bas-Rhin); capitale, ARGENTORATUM (Strasbourg), à l'E., célèbre par la victoire que Julien y remporta sur sept rois allemands, au 4ᵉ siècle.

35. NEMETES, les Némètes, au N. des Triboques (cercle du Rhin, à la Bavière); capitale, NOVIOMAGUS (Spire).

36. VANGIONES, les Vangions, au N. des Némètes (partie du duché de Hesse-Darmstadt située à l'O. du Rhin); capitale, BORBETOMAGUS (Worms).

CARACATES, les Caracates, au N. des Vangions (dans le même pays); capitale, MOGUNTIACUM (Mayence), métropole de la Germanie Supérieure : Drusus, beau-fils d'Auguste, y mourut d'une chute de cheval, et l'empereur Alexandre Sévère fut assassiné dans les environs.

37. Le nord de la Germanie Supérieure (petite partie du grand-duché du Bas-Rhin) appartenait aux Trévères, *Treveri,* peuple puissant de la première Belgique (43), qui y possédait : CONFLUENTES (Coblentz); ANTUNNACUM (Andernach), sur le Rhin.

38. II. GERMANIA INFERIOR VEL SECUNDA. — Cette

province, beaucoup plus vaste que la Germanie Supérieure, occupait toute la rive gauche du Rhin, jusqu'à la mer, et touchait au S. la Germanie Supérieure et les deux Belgiques. Elle était arrosée par la Meuse, *Mosa*. Une immense forêt, nommée *Arduenna Silva* (la forêt des Ardennes), couvrait presque tout le S. de cette province; elle est beaucoup moins étendue maintenant.

PEUPLES ET VILLES REMARQUABLES :

39. UBII, les Ubiens, au S. E. (partie méridionale du duché de Clèves et Berg, dans le grand-duché du Bas-Rhin); capitale, COLONIA AGRIPPINA (Cologne), métropole de la Germanie Inférieure. Elle doit son nom à Agrippine, mère de Néron, qui y avait pris naissance, et qui la fit agrandir.

GUGERNI, les Gugernes, au N. O. des Ubiens (partie septentrionale du duché de Clèves et Berg); capitale, COLONIA TRAJANA (près de Clèves), augmentée par l'empereur Trajan.

40. BATAVI, les Bataves, dans l'île formée par les deux bras du Rhin, la Meuse et la mer, *Batavorum insula* (partie de la Hollande propre); ils furent les alliés des Romains, mais jamais leurs sujets. Villes : BATAVORUM OPPIDUM (Battembourg), sur la Meuse; NOVIOMAGUS (Nimègue); LUGDUNUM BATAVORUM (Leyde), près de l'embouchure du Rhin, et déjà considérable du temps des Romains.

MENAPII, les Ménapiens; TOXANDRI, les Toxandres; BETASII, les Bétasiens; TUNGRI, les Tongres, qui remplacèrent les Eburons, EBURONES, détruits par César, dont ils avaient massacré une légion; ADUATICI, les Aduatiques; CONDRUSI, les Condruses. Tous ces peuples occupaient le centre de la Germanie Inférieure (tout le Brabant et les évêchés de Liége et de Namur).

41. SUNICI, les Suniques (partie occidentale de la province du Bas-Rhin, dans le grand-duché de ce nom). On leur attribue TOLBIACUM, Tolbiac (Zulpich), au S. O. de Cologne, célèbre dans l'histoire de France par la victoire qu'y remporta

Clovis sur les Allemands, en 496, et après laquelle il se fit baptiser par saint Remi.

42. III. Belgica Prima. — Cette province, située au S. E. de la Germanie Inférieure, et à l'O. de la Germanie Supérieure, dont elle était séparée en partie par les Vosges, *Vogesus mons*, était arrosée par la Moselle, *Mosella*, et la Meuse, *Mosa*.

Peuples et Villes remarquables :

43. Treveri, les Trévères, dont nous avons déjà parlé, au N. (le grand-duché de Luxembourg, à l'O., et la plus grande partie de la province du Bas-Rhin, dans le grand-duché de ce nom, à l'E.). Ce peuple, le plus célèbre de la Belgique, et le plus puissant par sa cavalerie, selon César, avait pour capitale Augusta Treverorum (Trèves), qui devint la métropole de la première Belgique, et l'une des villes les plus grandes, les plus riches et les plus considérables de la Gaule Transalpine. Elle fut le siège du préfet du prétoire des Gaules, et la résidence de plusieurs empereurs romains.

44. Mediomatrici, les Médiomatrices, au S. des Trévères (département de la Moselle, et partie N. E. de celui de la Meurthe), avaient pour capitale : Divodurum, appelée ensuite *Mediomatrici* (Metz), qui s'embellit de tant de monumens remarquables qu'elle finit par l'emporter sur la métropole elle-même.

Verodunenses, les Verdunois, à l'O. des Médiomatrices (département de la Meuse), ayant pour capitale Verodunum (Verdun). — Leuci, les Leuques (département des Vosges et partie S. O. de celui de la Meurthe); ils occupaient toute la partie méridionale de la première Belgique, et avaient pour capitale Tullum (Toul).

45. IV. Belgica Secunda. — Cette province, située à l'O. de la seconde Germanie et de la première Belgique, touchait l'Océan Germanique, au N., et le *fretum Gallicum* (Pas-de-Calais), à l'O. Ses principales rivières étaient : l'Escaut, *Scaldis*, la Somme, *Sama-*

ra, et l'Oise, *Isara*, qui se grossit de l'Aisne, *Axona*.

. Peuples et Villes remarquables :

46. Nervii, les Nerviens, au N. de la province (la Flandre occidentale, le Hainaut et la partie S. E. du département du Nord), étaient un peuple puissant, qui en avait plusieurs autres dans sa dépendance, d'où vient que toute la côte de la seconde Belgique portait le nom de *Nervicanus Tractus*. Les Nerviens livrèrent à César, au passage de la Sambre, *Sabis*, un combat dont leur redoutable infanterie rendit le succès long-temps douteux. Ils avaient pour capitale Bagacum (Bavay), au S., ville importante du temps des Romains, mais qui déchut vers la fin du quatrième siècle, et fut remplacée par les deux suivantes, savoir : Turnacum (Tournay), au N., et Camaracum (Cambray), au S.

47. Morini, les Morins, à l'O. des Nerviens (partie N. O. des départemens du Nord et du Pas-de-Calais). C'était un peuple puissant dont les principales villes étaient : Taruenna (Térouane), capitale, détruite par Charles-Quint en 1553 ; Gesoriacum, ensuite *Bononia* (Boulogne), port sur le *fretum Gallicum*, fort fréquenté par ceux qui passaient dans la Grande-Bretagne, et où s'embarqua l'empereur Claude pour se rendre dans cette île. Itius Portus (probablement Wuisan), d'où partit César pour son expédition dans la Grande-Bretagne.

48. Atrebates, les Atrebates, au S. E. des Morins (la partie S. E. du département du Pas-de-Calais); leur roi Comius est célèbre dans les *Commentaires de César :* ils avaient pour capitale Nemetacum, appelée ensuite *Atrebates* (Arras).

Ambiani, les Ambianois, au S. des Morins et des Atrébates (la plus grande partie du département de la Somme) : ils tenaient aussi un rang distingué dans la Belgique, et avaient pour capitale Samarobriva, appelée ensuite *Ambiani* (Amiens), sur la Somme. César y tint une assemblée des États de la Gaule.

49. VEROMANDUI, les Véromanduens, à l'E. des Ambianois (l'extrémité orientale du département de la Somme et le N. O. de celui de l'Aisne); cap., AUGUSTA VEROMANDUORUM, qui prit, au troisième siècle, le nom de *saint Quentin,* qui y mourut pour la foi. Quelques-uns veulent que ce soit *Vermand,* à deux lieues au N. O.

BELLOVACI, les Bellovaques, au S. des Ambianois (département de l'Oise) : ils étaient si puissans qu'ils pouvaient mettre 100,000 hommes sur pied. Capitale, CÆSAROMAGUS, puis *Bellovaci* (Beauvais). *Bratuspan-*tium (près de Breteuil), au N.; place forte.

SUESSIONES, les Suessonnais, à l'E. des Bellovaques (la partie S. O. du département de l'Aisne), peuple puissant, dont le roi, nommé Galba, fut jugé digne de commander l'armée que les Belges opposèrent à César. Leur capitale était NOVIODUNUM, nommée en-suite *Augusta Suessionum,* puis *Suessiones* (Soissons), qui essaya de résister à César, auquel elle se rendit ensuite.

50. REMI, les Rémois, à l'E. des Véromanduens et des Suessonnais (département des Ardennes, le S. E. de celui de l'Aisne et le N. O. de celui de la Marne) : ils rendirent de grands services à César dans la con-quête des Gaules, et restèrent fidèles alliés des Ro-mains; aussi tinrent-ils un des premiers rangs dans la Gaule. Ils avaient pour capitale DURO-CORTORUM, ensuite *Remi* (Reims), métropole de la seconde Bel-gique, renommée par ses manufactures d'armes, et par le soin qu'on y donnait à l'étude des lettres. On y trouve de belles antiquités.

51. CATALAUNI, les Catalaunes (le S. E. du département de la Marne et le N. O. de celui de la Haute-Marne), au S. des Rémois, auxquels ils paraissent avoir été soumis; capitale, DURO-CATALAUNUM, puis *Catalauni* (Châlons-sur-Marne).

II. LUGDUNENSIS.

52. POSITION ET DIVISIONS.—La Lyonnaise, nommée auparavant *Celtique*, occupait toute la partie centrale de la Gaule, et se divisait en cinq provinces, savoir : la *Première Lyonnaise*, au S. O. de la première Belgique; la *Seconde Lyonnaise*, sur les bords de l'Océan Britannique; la *Troisième*, au S. de la Seconde; la *Quatrième*, appelée aussi *Sénonie*, à l'E. de la Seconde et de la Troisième; et la *Grande Séquanaise*, appelée autrefois *Cinquième Lyonnaise*, à l'E. de la Première. Afin de suivre un ordre plus régulier dans la description de ces provinces, nous décrirons d'abord la Grande Séquanaise, puis la Première Lyonnaise, la Quatrième, la Seconde, et nous finirons par la Troisième.

53. I. MAXIMA SEQUANORUM.—Cette province, située au S. de la Première Germanie et de la Première Belgique, s'étendait au S. jusqu'au *Lemanus lacus* (lac de Genève), et jusqu'aux Alpes. Elle était traversée par la chaîne du Jura, *Jura Mons*, et arrosée par le Rhin, *Rhenus*, et par le Doubs, *Dubis;* la Saône, *Arar*, la séparait, à l'O., de la Première Lyonnaise.

PEUPLES ET VILLES REMARQUABLES.

54. RAURACI, les Rauraques, au N., entre le Rhin et les premières montagnes de la chaîne des Vosges (département du Haut-Rhin et la plus grande partie du canton de Bâle); capitale, AUGUSTA RAURACORUM ou RAURACUM (Augst, village à 2 lieues au S. E. de Bâle, sur le Rhin) : il paraît qu'elle fut remplacée par une forteresse nommée BASILIA (Bâle), sur le Rhin.

55. SEQUANI, les Séquanais, au S. O. des Rauraques (département de la Haute-Saône, du Doubs, du Jura, la partie E. de celui de Saône-et-Loire, et le N. de celui de l'Ain); c'était un des peuples les plus puissans de la Gaule; ils avaient pour capitale VESONTIO (Besançon), sur le Doubs, dans une position très-

forte : elle devint la métropole de la Grande Séquanaise, et fut embellie de monumens, dont quelques-
uns sont conservés en partie.

56. HELVETII, les Helvétiens, séparés des Séquanais
par le Jura, et des Rauraques par le *Vocetius Mons*
(Boëtz-Berg), occupaient toute la partie orientale de
la Grande Séquanaise (la plus grande partie de la
Suisse). César nous les représente comme les plus belliqueux de tous les Gaulois; ils étaient divisés en plusieurs cantons dont les principales villes étaient AVEN-
TICUM (Avenche, au S. du lac Morat), à laquelle
Tacite donne le nom de capitale de l'Helvétie; *Salo-
durum* (Soleure); *Aquæ Helveticæ* (Baden), au N. E.
de Soleure, lieu très-fréquenté du temps des Romains, à cause de ses eaux thermales, et *Turicum*
(Zurich), au N. E. de l'Helvétie.

57. II. LUGDUNENSIS PRIMA. — Cette province, située
à l'O. de la Grande Séquanaise, dont elle était séparée par la Saône, *Arar,* avait l'Aquitaine à l'O., et la
Narbonnaise au S. Elle était arrosée par la Loire, *Liger;* la Seine, *Sequana*, et l'Yonne, *Icauna*, y prenaient leurs sources.

PEUPLES ET VILLES REMARQUABLES :

58. LINGONES, les Lingons, au N. (presque tout le
département de la Côte-d'Or, le S. de celui de la
Haute-Marne, le S. O. de celui des Vosges, et l'E. de
celui de l'Yonne); ce peuple appartenait à la Belgique, dont il fut détaché pour être réuni à la Première
Lyonnaise; il fut un de ceux qui passèrent en Italie
sous le règne de Tarquin l'Ancien. Leurs villes principales étaient ANDOMATUNUM, nommée ensuite *Lingones* (Langres), capitale, au N.; et *Divio* ou *Dibio*
(Dijon), au S.

MANDUBII, les Mandubiens, au S. O. des Lingons
(partie S. O. du département de la Côte-d'Or); ils
avaient pour capitale ALESIA (Alise, près de Semur),
fameuse par le siége qu'elle soutint contre César, qui
s'y vit assailli par toute la Gaule confédérée : ce géné-

ral parvint cependant à dissiper la nombreuse armée des Gaulois, et prit Alise, dont il réduisit les habi-tans à l'esclavage.

59. ÆDUI, les Éduens, au S. des Lingons et des Mandubiens (presque tout le département de la Niè-vre, la plus grande partie de celui de Saône-et-Loire, une petite portion de l'E. de celui de l'Allier, une très-petite partie du N. de ceux du Rhône et de la Loire). Ce peuple, le plus puissant de la Celtique, vit les Romains rechercher son alliance : il en tenait plusieurs autres dans sa dépendance, et avait un grand nombre de villes, dont les principales étaient : AUGUSTODUNUM (Autun), capitale, une des plus anciennes des Gaules; elle devint célèbre par ses écoles, où toute la noblesse de ce pays allait se faire instruire dans les lettres. Il paraît que les druides, chefs de la religion gauloise, s'assemblaient souvent dans ses environs, au *Mont-Dru*. C'est la patrie du philosophe *Divitiac*, contem-porain de César, et qui fut connu de Cicéron, qui le vante comme un des plus savans d'entre les druides : *Cabillonum* (Châlons-sur-Saône); *Matisco* (Mâcon), aussi sur la Saône; *Noviodunum*, puis *Nevirnum* (Ne-vers), sur la Loire.

Parmi les peuples qui leur étaient soumis se trouvaient des Boïens, *Boii*, venus des environs de l'Helvétie, et à qui ils donnèrent une portion de leur pays, située entre l'Allier, *Elaver*, et la Loire (la partie N. E. du département de l'Allier); il paraît qu'ils y possédaient une ville nommée *Gergovia* (peut-être Moulins), qu'il ne faut pas confondre avec une autre *Gergovia*, située dans l'Aquitaine (79).

60. SEGUSIANI, les Ségusiens, au S. de la Première Lyonnaise (la plus grande partie des départemens du Rhône et de la Loire, et le S. O. de celui de l'Ain). Ils paraissent avoir été assez long-temps sous la do-mination des Éduens. On trouvait dans leur pays LUGDUNUM (Lyon), fondée par les Romains; elle de-vint avec le temps la capitale de la Celtique, qui

prit alors le nom de *Lyonnaise ;* elle était aussi la métropole de la Première Lyonnaise, et se rendit célèbre par son commerce et par son académie. Auguste
y séjourna trois ans. C'est la patrie de Germanicus,
des empereurs Claude et Caracalla, et de plusieurs
écrivains assez distingués.

61. III. LUGDUNENSIS QUARTA seu SENONIA. — Cette
province, située au N. O. de la Première Lyonnaise,
dont elle avait été démembrée, occupait à peu près
le centre de la Gaule : elle était arrosée par la Seine,
Sequanna ; l'Yonne, *Icauna ;* et la Loire, *Liger,* qui
la bornait en partie au S.

PEUPLES ET VILLES REMARQUABLES :

62. TRICASSES, les Tricasses, à l'E. (département de l'Aube,
et le S. O. de celui de la Marne), qui avaient une capitale
nommée AUGUSTOBONA, puis *Tricasses* (Troyes), sur la Seine.

SENONES, les Sénonais, occupant tout le S. E. de
la province (le S. des départemens de Seine-et-Oise
et de Seine-et-Marne, le N. E. du Loiret, la plus
grande partie de celui de l'Yonne, et le N. O. de la
Nièvre). Ils envoyèrent, vers l'an de Rome 356, une
nombreuse peuplade s'établir en Italie, dans le pays
des Ombriens, entre l'Apennin et la mer Adriatique,
et n'en étaient pas moins un des peuples les plus puissans de la Celtique, où ils possédaient SENONES (Sens),
sur l'Yonne, une des villes les plus peuplées et les
plus considérables de toute la Lyonnaise, et la métropole de la Quatrième, appelée quelquefois, de son
nom, Sénonie, *Senonia; Agedincum* (Provins), qui
servit de place d'armes à César; *Autissidiorum*
(Auxerre), sur l'Yonne, au S.; *Melodunum* (Melun),
sur la Seine, au N. O.

MELDI, les Meldes, au N. des Sénonais (partie N. du département de Seine-et-Marne); capitale, IATINUM, ensuite
Meldi (Meaux), sur la Marne.

63. PARISII, les Parisiens, au N. O. des Sénonais
(département de la Seine, et le N. E. de celui de

Seine-et-Oise) ; capitale, Lutetia, ensuite *Parisii* (Paris), renfermée, au temps de César, dans l'île Notre-Dame. Julien, n'étant encore que César, la choisit pour sa résidence, et fit bâtir les *Thermes*, dont une partie subsiste encore.

Carnutes, les Carnutes, qui occupaient le S. O. de la province (le S. O. du département de Seine-et-Oise, celui d'Eure-et-Loir, et le N. O. de celui de Loir-et-Cher); ils étaient en grande réputation de valeur dans la Gaule, et furent un des peuples qui passèrent en Italie sous le règne de Tarquin l'Ancien. Leurs villes étaient : Autricum, puis *Carnutes* (Chartres), sur l'Eure, *Autura,* qui lui avait donné son nom; *Durocasses* (Dreux), où l'on croit que les druides tenaient tous les ans leur assemblée générale.

64. Aureliani, les Auréliens (le S. O. du département du Loiret, et le S. E. de celui de Loir-et-Cher). Ce peuple, qui dépendait auparavant des Carnutes, fut, à ce que l'on croit, rendu indépendant par l'empereur Aurélien, qui donna son nom à leur capitale Aurelianum (Orléans), appelée auparavant *Genabum,* ville très-commerçante, qui avait été brûlée par César.

65. IV. Lugdunensis Secunda. — Cette province était située au N. O. de la Quatrième Lyonnaise, sur les deux rives de la Seine et sur les bords de l'Océan Britannique ; elle était en outre arrosée par l'Orne, *Olina,* et la Vire, *Agenus.*

Peuples et Villes remarquables :

66. Veliocasses, les Véliocasses, au N. O. des Parisiens (le N. O. du département de Seine-et-Oise, le N. E. de celui de l'Eure, et le S. E. de celui de la Seine-Inférieure); capitale, Rotomagus (Rouen), sur la Seine. Quoique César n'en fasse pas mention, il paraît que c'était une ville considérable; elle devint la métropole de la Seconde Lyonnaise: *Briva Isarœ* (Pontoise), au S. E.

67. CALETI, les Calètes, au N. O. des Véliocasses (partie
N. O. du département de la Seine-Inférieure) ; capitale, JU-
LIOBONA (Lillebonne). — AULERCI EBUROVICES, les Aulerques
Éburovices, au S. des Véliocasses (l'E. du département de
l'Eure) ; capitale, MEDIOLANUM, puis *Eburovices* (Évreux).—
LEXOVII, les Lexoviens, à l'O. des Aulerques Éburovices (l'O.
du département de l'Eure, et l'E. de celui du Calvados) ; capi-
tale, NOVIOMAGUS, puis *Lexovii* (Lisieux), au centre. — VI-
DUCASSES, les Viducasses, à l'O. des Lexoviens (le centre du
département du Calvados) ; capitale, AUGUSTODORUM, puis
Viducasses (Vieux, près de Caen). — BAJOCASSES, les Bajocasses, à l'O. des Viducasses (partie O. du département du
Calvados) ; capitale, ARÆGENUS, puis *Bajocasses* (Bayeux), au
N. E. — VENELLI, les Vénelles, à l'O. des Bajocasses (le N. du
département de la Manche. (Villes : CROCIATONUM (Valogne),
au N., capitale; *Constantia* (Coutances), au S. — ABRINCATUI,
les Abrincates, au S. des Vénelles (le S. du département de la
Manche) ; capitale, INGENA, puis *Abrincatui* (Avranches). —
SAII, les Saïens, au S. des Lexoviens (département de l'Orne);
capitale, SAII (Séez), vers la source de l'Orne.

68. Sur la côte de la Seconde Lyonnaise, vis-à-vis
le pays des Vénelles, se trouvent dans l'Océan trois
petites îles, savoir : RIDUNA (Aurigny), SARNIA (Guer-
nesey), et CÆSAREA (Jersey).

69. V. LUGDUNENSIS TERTIA. — Cette province, qui
s'étendait au S. de la Seconde Lyonnaise, occupait en
outre toute la presqu'île formée par la Manche, *Oceanus Britannicus,* au N., et l'Océan Atlantique, à l'O.
et au S., et qui reçut le nom de *Britannia minor,* Pe-
tite-Bretagne, lorsqu'un corps de Bretons fut venu
s'y établir vers la fin du cinquième siècle. Elle était
bornée en partie au S. par la Loire, et arrosée en outre par la Mayenne, *Meduana,* et la Vilaine, *Ilerius.*
Tous les peuples qui habitaient le long des côtes, dans
cette province et dans la précédente, portaient, du
temps de César, le nom d'Armoricains, *Armoricæ Ci-
vitates,* et formaient une sorte de république fédéra-

tive, que ce général eut beaucoup de peine à réduire.
Après l'arrivée des Bretons, le nom d'Armorique ne
fut plus appliqué qu'à la Bretagne.

PEUPLES ET VILLES REMARQUABLES :

70. TURONES, les Turons, qui occupaient les deux
rives de la Loire (département d'Indre-et-Loire);
capitale, CÆSARODUNUM, ensuite *Turones* (Tours), qui
devint la métropole de la Troisième Lyonnaise.

AULERCI CENOMANI, les Aulerques Cénomans, au
N. O. des Turons (département de la Sarthe); une
de leurs colonies passa les Alpes sous le règne de Tarquin l'Ancien, et s'établit dans une partie de la Gaule
Transpadane. Ils avaient pour capitale SUINDINUM,
puis *Cenomani* (le Mans).

AULERCI DIABLINTES, les Aulerques Diablintes, au N. O. des
Cénomans (le N. du département de la Mayenne); capitale,
NOEODUNUM, puis *Diablintes* (Jublains, à deux lieues de
Mayenne). — ARVII, les Arviens, au S. des Diablintes (partie
S. du département de la Mayenne); capitale, VAGORITUM, puis
Arvii (auj. ruinée). — ANDES ou ANDECAVI, les Andes ou An-
décaviens, au S. des Arviens (le N. du département de Maine-
et-Loire); capitale, JULIOMAGUS, puis *Andecavi* (Angers).

71. NAMNETES, les Namnètes, à l'O. des Andéca-
viens (le N. du département de la Loire-Inférieure).
Villes principales : CONDIVICNUM, ensuite *Namnetes*
(Nantes), capitale; *Corbilo* (Coiron), port sur la Loire,
une des villes les plus opulentes et les plus considérables de la Gaule, au temps de Pithéas, qu'on fait con-
temporain d'Alexandre le Grand : sa prospérité paraît
avoir eu peu de durée.

72. REDONES, les Rédons, au N. des Namnètes
(département d'Ille-et-Vilaine). Villes principales :
CONDATE, puis *Redones* (Rennes), capitale; *Aletum*
(Saint-Malo), port sur l'Océan, et résidence d'un
commandant maritime, dont l'autorité s'étendait sur
toute la côte appelée *Armoricanus* et *Nervicanus*
Tractus.

CURIOSOLITES, les Curiosolites, au N. O. des Rédons (l'E. du département des Côtes-du-Nord) ; capitale, CURIOSOLITES (Corseuil, à 2 lieues de Dinan), dont on ignore le nom primitif.

73. VENETI, les Vénètes, au S. E. des Curiosolites (département du Morbihan), le long de la côte de l'Océan et autour du Morbihan, appelé par César *Conclusum mare*, et sur les lagunes duquel étaient bâties les villes des Vénètes ; ce qui donna à ce général beaucoup de peine pour les réduire, lors du soulèvement de la Gaule contre les Romains. Les Vénètes étaient le plus puissant des peuples armoricains; supériorité qu'ils devaient surtout à leur habileté dans la marine. On croit que c'est d'eux que descendent les *Vénètes* ou *Hénètes* d'Italie (les Vénitiens). Ils avaient pour capitale DARIORIGUM, puis *Veneti* (Vannes). Il paraît qu'ils possédaient aussi les petites îles situées vis-à-vis la côte de leur pays, connues sous le nom de VENETICÆ INSULÆ, îles des Vénètes, dont la principale se nommait *Vindilis* (Belle-Ile).

74. OSISMII, les Osismiens, à l'O. des Curiosolites et des Vénètes (l'O. du département des Côtes-du-Nord et celui du Finistère). Villes principales : VORGANIUM, puis *Osismii* (Carhaix, au N. E. de Quimper), capitale; *Brivates Portus* (Brest).

Près de la côte se trouvent plusieurs petites îles dont les plus remarquables sont : UXANTIS (Ouessant), et SENA (Pont-des-Saints). Cette dernière était habitée par neuf prêtresses appelées *Gallicenæ*, Gallicènes, auxquelles les Gaulois attribuaient le don d'exciter des tempêtes par leurs enchantemens, de prendre à leur gré la forme de toutes sortes d'animaux, de prédire l'avenir et de guérir toutes les maladies.

III. AQUITANIA.

75. POSITION ET DIVISION. — L'Aquitaine occupait tout le S. O. de la Gaule, et se divisait en trois pro-

vinces, savoir : la *Première Aquitaine*, à l'E.; la Seconde, à l'O.; et la *Novempopulanie*, au S. de la Seconde Aquitaine.

76. 1. AQUITANIA PRIMA. Cette province s'étendait au S. de la Quatrième Lyonnaise et au S. O. de la Première jusqu'à la Première Narbonnaise, au S. et au S. E. Les Cévennes, *Cebenna Mons*, la séparaient en partie de cette dernière province ; elle était arrosée par un grand nombre de rivières dont les principales étaient, outre la Loire, dont nous avons déjà parlé, *Caris*, le Cher, *Vigenna*, la Vienne, *Durannius*, la Dordogne, *Oltis*, le Lot, et *Tarnis*, le Tarn.

PEUPLES ET VILLES REMARQUABLES :

77. BITURIGES, les Bituriges, surnommés CUBI, Cubiens, pour les distinguer de ceux qui habitaient dans la Seconde Aquitaine (85), au N. de la province (l'O. du département de l'Allier, ceux du Cher et de l'Indre) ; capitale, AVARICUM, puis *Bituriges* (Bourges), une des plus belles, des plus grandes et des plus fortes villes de la Gaule, du temps de César, qui ne la prit qu'après un siége très-difficile, pendant lequel périrent près de quarante mille Bituriges. Elle devint par la suite la métropole de la Première Aquitaine.

Ce peuple, qui était encore un des plus puissans de la Gaule sous les Romains, paraît avoir dominé dans ce pays, 600 ans avant l'ère chrétienne, et avoir donné des rois à la Celtique. Un d'eux, nommé *Ambigat*, envoya ses neveux *Bellovèse* et *Sigovèse*, à la tête d'armées très-nombreuses, s'établir, le premier en Italie, et le second dans la Germanie.

78. LEMOVICES, les Lémovices, au S. des Bituriges (départemens de la Creuse, de la Haute-Vienne et de la Corrèze) ; capitale, AUGUSTORITUM, puis *Lemovices* (Limoges).

79. ARVERNI, les Arvernes, au S. E. des Bituriges (le S. E. du département de l'Allier, ceux du Puy-de-Dôme et du Cantal) ; ils se vantaient d'être du même sang que les Romains, issus comme eux d'une colonie de Troyens, qui, disait-on, était venue s'établir

dans la Gaule sous la conduite d'Anténor. C'était un peuple très-puissant, dont le roi Vercingétorix fut choisi pour chef de la nombreuse armée que les Gaulois confédérés opposèrent à César. Villes principales : AUGUSTONEMETUM , puis *Arverni* (Clermont), capitale ; *Gergovia,* Gergovie, au S. E., place très-forte sur une haute montagne , assiégée inutilement par César.

80. VELLAVI, les Vellaves, au S. E. des Arvernes, dont ils dépendaient au temps de César (une grande partie du département de la Haute-Loire) ; capitale, REVESSIO, puis *Vellavi* (S. Paulien, à 3 lieues N. O. du Puy). — GABALI, les Gabales, au S. O. des Vellaves (une grande partie du département de la Lozère) ; capitale, ANDERITUM, puis *Gabali* (Javoulx, à 2 lieues de Marvejols). Ce peuple dépendait aussi des Arvernes, au temps de César. Les fromages de ce pays, et surtout ceux de la Lozère, *Lesura Mons,* étaient très-estimés des Romains.

81. RUTENI, les Rutènes, au S. O. des Arvernes, divisés en *Liberi,* au N. (département de l'Aveyron), et *Provinciales,* au S. (tout le N. du département du Tarn). Les premiers avaient pour capitale SEGODUNUM, puis *Ruteni* (Rodez) ; les seconds sont appelés par César *Provinciales,* parce que de son temps ils faisaient partie de la province romaine, dont ils furent séparés plus tard pour être réunis à l'Aquitaine. Ils avaient pour capitale ALBIGA (Albi).

82. CADURCI, les Cadurces, à l'O. des Rutènes (le département du Lot et le N. de celui de Tarn-et-Garonne). Villes principales : DIVONA , puis *Cadurci* (Cahors) ; *Uxellodunum,* au N. (le Puech d'Usselou, à 2 lieues de Martel), la dernière place qui tint dans les Gaules contre César, et célèbre par le siége qu'il fut obligé d'en faire, et qui lui donna beaucoup de peine.

83. II. AQUITANIA SECUNDA. — Cette province, située à l'O. de la Première, s'étendait le long des côtes de l'Océan Atlantique. Ses principales rivières étaient, outre la Loire qui la bornait au N., et la Garonne, qui la traversait au S., *Carentulus,* la Charente, et *Durannius,* la Dordogne.

PEUPLES ET VILLES REMARQUABLES :

84. PICTONES ou *Pictavi*, les Pictons ou Pictaves, au N. (le
S. des départemens de la Loire-Inférieure et de Maine-et-Loire,
ceux de la Vendée, des Deux-Sèvres et de la Vienne); capitale, LIMONUM, puis *Pictavi* (Poitiers), où l'on trouve des restes
précieux d'antiquités.

85. SANTONES, les Santons, au S. des Pictons (départemens de la Charente et de la Charente Inférieure). Villes principales : MEDIOLANUM, puis *Santones* (Saintes), une des villes les plus florissantes de
l'Aquitaine, au 4ᵉ siècle ; *Santonum Portus*, le port
de Santons (vers Marennes); *Iculisna* (Angoulême).
Sur la côte habitée par ce peuple se trouvait l'île
nommée ULIARUS (Oléron).

BITURIGES VIVISCI, les Bituriges Vivisques, au S. des
Santons (le N. du département de la Gironde); capitale, BURDIGALA (Bordeaux) : elle devint la métropole
de la Seconde Aquitaine, et jouit de grands priviléges,
ayant, comme Rome, son sénat et ses consuls. Elle se
fit aussi remarquer par ses écoles, qui ont produit une
foule de savans distingués, entre autres le poète Ausone. A l'embouchure de la Gironde se trouvait l'île
d'*Antros* (la tour de Cordouan).

86. PETROCORII, les Pétrocoriens, à l'E. des Bituriges (département de la Dordogne); capitale, VESUNNA, puis *Petrocorii*
(Périgueux), qui a conservé beaucoup d'antiquités.

NITIOBRIGES, les Nitiobriges, au S. des Pétrocoriens (presque tout le département de Lot-et-Garonne); capitale, AGIN-
NUM (Agen).

87. III. NOVEMPOPULANIA. — Cette province, située
au S. de la Seconde Aquitaine, occupait l'extrémité
S. O. de la Gaule, et tirait son nom des neuf principaux peuples qui l'habitaient, et qui sont peu connus
aujourd'hui. Après la Garonne, la principale rivière
qui l'arrosait était *Atur* (l'Adour).

PEUPLES ET VILLES REMARQUABLES :

88. TARBELLI, les Tarbelliens, le long de l'Océan

Aquitanique (partie O. des départemens des Landes et des Basses-Pyrénées). Villes principales : AQUÆ TARBELLICÆ (Dax), qui tirait son nom d'une source d'eau chaude qu'on y voit encore ; *Lapurdum* (Bayonne), forteresse construite par les Romains.

89. ELUSATES, les Elusates, au centre de la province (l'E. du département des Landes, et l'O. de celui du Gers); capitale, *Elusa* (Eause), qui fut pendant quelque temps métropole de la Novempopulanie.

AUSCI, les Ausciens, au S. E. des Elusates (la plus grande partie du département du Gers); capitale, CLIMBERRIS, puis *Augusta Ausciorum* et *Ausci* (Auch), qui devint, après Elusa, la métropole de la Novempopulanie.

90. VASATES, les Vasates, au N. E. des Tarbelliens (le S. E. du département de la Gironde); capitale, Cossio, puis *Vasates* (Bazas), patrie du médecin Ausone, père du poète. — Au S. E. de ce peuple habitaient les Sotiates, SOTIATES, dont le territoire paraît avoir été peu considérable, mais qui opposèrent une vigoureuse résistance à Crassus, qui fit le siége de leur capitale, *Sotiates* (Sos). — LACTORATES, les Lactorates, à l'E. des Élusates (le N. E. du département du Gers); capitale, *Lactora* (Lectoure). — BENEHARNENSES, les Béarnais, à l'E. des Tarbelliens (l'E. du département des Basses-Pyrénées). Villes principales : BENEHARNUM, dont la position est incertaine; *Iluro* (Oléron). — BEGERRI, ou BIGERRIONES, les Bégerres, à l'E. des Béarnais (la plus grande partie du département des Hautes-Pyrénées); capitale, TURBA (Tarbes). — CONVENÆ, les Convennes, à l'E. des Bégerres (département des Hautes-Pyrénées, partie S. E., et de la Haute-Garonne, partie S. O.); ils étaient Espagnols d'origine, et habitaient le sommet des Pyrénées, d'où ils descendaient piller les campagnes voisines. Pompée, à son retour d'Espagne, les força à descendre dans la plaine. Ce fut alors qu'ils bâtirent *Lugdunum Convenarum* (Saint-Bertrand de Cominges) sur une colline, près de la Garonne. — CONSORANNI, les Consorannais, à l'E. des Convennes (le S. du département de l'Arriége); il paraît qu'ils s'éten-

daient jusque dans la Narbonaise. Leur capitale était Consoranni (Conserans ou Couserans détruite).

iv. NARBONENSIS.

91. Position et division. — La Narbonaise occupait
toute la partie S. E. de la Gaule, et se divisait en cinq
provinces : la *Première Narbonaise*, au S. O. ; la
Viennoise, au centre ; la *Seconde Narbonaise*, à l'E.
de la Viennoise ; les *Alpes Grecques* et *Pennines*, au
N. E. de la Viennoise ; et les *Alpes Maritimes*, au S.
des précédentes.

92. 1. Narbonensis prima. — Cette province, située
autour du *Gallicus sinus* (golfe de Lyon), était arrosée par *Telis* (la Tet), *Atax* (l'Aude), et touchait
le Rhône à l'E. Elle était entièrement habitée par un
peuple nommé *Volcæ*, les Volces, qui avaient formé
des établissemens jusque dans l'Asie Mineure, et qui
furent soumis par les Romains, l'an de Rome 633. Ils se
divisaient en *Volces Tectosages*, au S. O., et *Arécomiques*, au N. E., et se subdivisaient en plusieurs
peuples, ainsi que nous allons le voir.

Peuples et Villes remarquables :

93. Tolosates, les Tolosates, le plus septentrional
des peuples appelés *Volcæ Tectosages* (le S. du département de Tarn-et-Garonne ; presque tout celui
de la Haute-Garonne, et une petite partie de celui de
l'Aude). Ce peuple possédait d'immenses richesses,
qu'il conservait dans des étangs consacrés aux dieux ;
il avait pour capitale Tolosa (Toulouse), une des plus
anciennes villes des Gaules, capitale de tout le pays
des Tectosages, et l'une des plus importantes de la
Gaule, sous les Romains.

94. Atacini, les Atacins, au S. E. des Tolosates (la
plus grande partie des départemens de l'Aude et de
l'Hérault); ils tiraient leur nom de la rivière dont ils
habitaient les bords, et avaient pour villes principales :
Narbo-Martius (Narbonne), la première colonie éta-

blie par les Romains dans les Gaules, et long-temps la capitale de tout le pays possédé par eux ; fameuse par son commerce et par la culture des lettres.

Carcaso (Carcassonne), à l'O. de Narbonne. Elle jouissait, sous les Romains, du droit de se gouverner selon ses lois ; Bæterræ (Béziers), au N. E. de Narbonne : on y trouve des restes d'antiquités ; Agatha (Agde), à l'E. de Béziers, fondée par les Marseillais (101) ; Luteva (Lodève), au N. O. de Béziers.

Sardones, les Sardons, au S. des Atacins (département des Pyrénées-Orientales). Villes principales : Ruscino (Castel-Roussillon), qui a donné son nom au *Roussillon*, et des ruines de laquelle on a bâti, à une lieue environ, la ville de Perpignan. Illiberis, puis *Helena* (Elne), qui était une ville considérable lors du passage d'Annibal d'Espagne dans la Gaule; *Portus Veneris* (Port-Vendre).

95. Volcæ Arecomici, les Volces Arécomiques, au N. E. des Atacins (département du Gard, et l'E. de celui de l'Hérault); capitale, Nemausus (Nîmes), l'une des plus anciennes villes des Gaules. Les Romains y envoyèrent une colonie, et la décorèrent de monumens dont les restes sont les plus beaux morceaux d'antiquités romaines qui soient en France.

96. II. Viennensis. — Cette province, située à l'E. de la Première Narbonaise, et presque entièrement sur la rive gauche du Rhône, était arrosée par *Isara* (l'Isère), *Druna* (la Drôme), et *Druentia* (la Durance).

Peuples et Villes remarquables :

97. Allobroges, les Allobroges, au N. (le canton de Genève, le N. O. de la Savoie, le S. E. du département de l'Ain, celui de l'Isère, le N. de celui de la Drôme et de celui de l'Ardèche). Ce peuple, compté parmi les plus puissans et les plus courageux de la Gaule, résista long-temps aux Romains; ses villes principales étaient : Geneva (Genève), déjà considérable du temps des Romains ; Vienna (Vienne), au S. O., capitale des Allobroges, et, par la suite, métropole de la Viennoise, qui lui dut son nom, et l'une des

principales villes de la Gaule. Pilate, gouverneur de la Judée, y fut relégué par Caligula, et s'y donna la mort.

98. Segalauni, les Ségalaunes, au S. des Allobroges, le long du Rhône, (département de la Drôme, partie centrale); capitale, Valentia (Valence), où Quintus Fabius Maximus défit les Allobroges, l'an de Rome 632. — Tricastini, les Tricastins, au S. des Ségalaunes (même département, partie S. O.); capitale : Augusta Tricastinorum (Saint-Paul-Trois-Châteaux). — Vocontii, les Vocontiens, à l'E. des deux peuples précédens (même département, partie E.) : ils jouissaient du privilège de se gouverner par leurs lois, et avaient pour villes principales *Dea Vocontiorum* (Die), *Lucus Augusti* (Luc); Vasio (Vaison), capitale, l'une des villes les plus riches et les plus florissantes de la Narbonaise; patrie de l'historien Trogue-Pompée, abrégé par Justin. — Helvii, les Helviens, sur la rive droite du Rhône (le S. du département de l'Ardèche); ce peuple, placé par quelques géographes au N. E. de la Première Narbonaise, avait pour capitale Alba Augusta ou Alba Helviorum (Alps), à deux lieues de Viviers, fameuse dans l'antiquité par la quantité de vins que produisait son territoire.

99. Cavares, les Cavares, au S. des Tricastins et des Vocontiens (presque tout le département de Vaucluse, et le N. de celui des Bouches-du-Rhône); une des plus puissantes nations de ces contrées. Villes principales : Arausio (Orange), capitale : on y voit encore un superbe arc de triomphe, ouvrage des Romains; *Carpentoracte* (Carpentras); *Avenio* (Avignon), distinguée par ses richesses.

100. Anatilii, les Anatiliens, vers les embouchures du Rhône (le S. O. du département des Bouches-du-Rhône); capitale, Tarasco (Tarascon); Arelate (Arles) : son commerce et les monumens dont elle fut décorée par les Romains, et dont elle possède encore quelques-uns, la rendirent une des villes les plus riches et les plus magnifiques de cette province. Ausone, au 4e siècle, l'appelle *la Rome des Gaules*, et

elle devint au 5e comme la capitale de quatre des cinq provinces de la Narbonaise, qui y tenaient leurs états. C'est la patrie de Constantin le Jeune et de saint Ambroise.

101. Massilienses, les Marseillais, au S. E. des Anatiliens (le S. E. du département des Bouches–du-Rhône); colonie de Phocéens venus d'Ionie 600 ans avant J.-C. Ils formèrent long-temps une république indépendante, célèbre par la sagesse de son gouvernement, par son commerce et par les sciences et les arts qu'elle introduisit dans les Gaules. Capitale, Massilia (Marseille), réduite par César sous la puissance des Romains; patrie de Pithéas, savant astronome et navigateur, et de l'écrivain Pétrone, favori de Néron.

102. III. Narbonensis secunda. — Cette province, située à l'E. de la Viennoise, était arrosée par *Druentia* (la Durance).

Peuples et Villes remarquables:

103. Tricorii, les Tricoriens, au N. (le S. O. des Hautes-Alpes); capitale, Vapincum (Gap). — Memini, les Mémines, au S. des Tricoriens (l'O. des Basses-Alpes). Villes principales: Forum Neronis (Forcalquier), *Segustero* (Sisteron). — Vulgientes, les Vulgientes, au S. O. des Mémines (le S. E. du département de Vaucluse); capitale, Apta Julia (Apt). — Albiæci, les Albièces, appelés ensuite *Reïens*, à l'E. des Vulgientes (le S. du département des Basses-Alpes); capitale, Albiæce, puis *Reii* (Riez).

104. Salyes, les Salyens, au S. des Vulgientes et des Albièces (le N. E. du département des Bouches–du-Rhône). Ce fut à l'occasion des guerres de ce peuple avec les Marseillais que les Romains, sous prétexte de porter du secours à ces derniers, qui étaient leurs alliés, entrèrent dans la Gaule, et commencèrent la conquête du pays, qui forma depuis la *Province Romaine*. Les Salyens avaient pour capitale Aquæ Sextiæ (Aix), qui tirait son nom des eaux thermales qui s'y

trouvent en abondance; elle devint la métropole de la Seconde Narbonaise. On croit que ce fut à peu de distance de cette ville que Marius défit les Teutons, auxquels il tua 200 mille hommes, et fit 80 mille prisonniers.

COMMONI, les Commones, à l'E. des Marseillais (le S. O. du département du Var); capitale, TELO MARTIUS (Toulon).

On trouve sur la côte de ce pays, STÆCHADES INSULÆ (les îles d'Hières), au nombre de trois, et qui appartenaient aux Marseillais.

105. SUELTERI, les Sueltères, au N. E. des Commones (le centre du département du Var); capitale, FORUM JULII (Fréjus); colonie romaine, que son port, alors sûr et vaste, rendit, sous les empereurs romains, une des places les plus importantes de la Narbonaise. C'est la patrie de Cornélius Gallus, poète, ami de Virgile, et d'Agricola, beau-père de Tacite.

OXYBII, les Oxybiens, au N. E. des Sueltères (même département), sur les côtes de la mer; capitale, AEGITNA (probablement Cannes). — DECIATES, les Déciates, au N. E. des Oxybiens (l'E. du département du Var); capitale, ANTIPOLIS (Antibes), colonie de Marseille, qui devint si considérable, que les Romains la leur enlevèrent pour la soumettre à leur juridiction.

106. IV. ALPES PENNINÆ ET GRAIÆ. —Cette province, qui, dans la suite, fut démembrée de la Narbonaise, était arrosée par le Rhône. On prétend que les Alpes Grecques ont tiré leur nom du passage d'Hercule par ce pays, lorsqu'il se rendait en Espagne pour combattre Géryon.

PEUPLES ET VILLES PRINCIPALES :

107. CENTRONES, les Centrons, au S. (dans la Savoie); capitale, DARANTASIA (Moutiers), qui remplaça une autre capitale nommée *Forum Claudii*. Cette nation, qui était fort puissante, réunie aux Caturiges et aux Garocéliens, peuples des Alpes maritimes, essaya de s'opposer au passage de César à travers les Alpes.

Au N. E. se trouve la montagne appelée proprement *Alpis Graia*, l'Alpe Grecque (le Petit-Saint-Bernard).

108. NANTUATES, les Nantuates ; VERAGRI, les Véragres ; SE-
DUNI, les Seduns, et VIBERI, les Vibères, connus sous le nom
général de VALLENSES, parce qu'ils habitaient la Vallée Pennine, au S. de l'*Alpe Pennine* (le Grand-Saint-Bernard, dans
la partie S. O. de la Suisse). Ils avaient pour villes principales : OCTODURUS (Martigni), capitale des Véragres ; AGAUNUM
(Saint-Maurice, dans le Valais), où eut lieu le martyre de la
légion Thébaine, en 286 ; SEDUNI (Sion), capitale des Séduns.

109. V. ALPES MARITIMÆ. — Cette province, située
au S. E. de la Gaule, était arrosée par *Varus* (le Var).

PEUPLES ET VILLES PRINCIPALES :

110. CATURIGES, les Caturiges, au N. (l'E. du département des Hautes-Alpes) ; peuple puissant qui,
comme nous l'avons dit, essaya d'arrêter César au
passage des Alpes. Villes principales : CATURIGES
(Chorges, entre Gap et Embrun), ancienne capitale :
EBRODUNUM (Embrun), qui fut la métropole de la province ; *Brigantio* (Briançon).

AVANTICI, les Avantiques, et BODIONTICI, les Bodiontiques, à
l'O. (l'E. du département des Basses-Alpes) ; capitale, DINIA
(Digne). — SUETRI, les Suètres, au S. E. des Avantiques et
des Bodiontiques (le N. E. du département du Var) ; capitale,
SALINÆ (Scillans). — NERUSI, les Néruses, au S. des Suètres
(le S. E. du même département) ; capitale, VINCIUM (Vence).
— SENTII, les Sentiens (le S. E. des Basses-Alpes) ; capitale,
SANITIUM (Senez).

111. VEDIANTII, les Védiantiens, au S. E. des Caturiges (dans le comté de Nice) ; villes principales :
CEMENELIUM (Cimiez, au N. de Nice) ; NICÆA, (Nice),
colonie de Marseille, qui devint considérable sous les
Romains, que sa situation délicieuse y attirait en
grand nombre ; *Herculis Monœci Portus* (Monaco),
fondée, dit-on, par Hercule.

112. GAROCELI, les Garocèles, à l'E. des Caturiges (sur la
frontière du Piémont) ; capitale, OCELUM (Usseau).

113. Segusini, les Ségusins, à l'E. des Caturiges (dans le Piémont); capitale, Segusio (Suse), une des principales villes des Alpes, et résidence d'un prince nommé Cottius, qui mérita les bonnes grâces d'Auguste, et qui régna sur toutes les contrées environnantes, qui prirent le nom d'*Alpes Cottiœ*, Alpes Cottiennes.

GERMANIA *.

114. Bornes et Forêts. — Les Romains comprenaient sous le nom de Grande-Germanie, ou Germanie proprement dite, tout le pays renfermé entre le Rhin, à l'O.; le Danube, au S.; la Vistule, à l'E.; le golfe *Codanus* et l'Océan Germanique, au N. Une grande partie de ce pays, fort peu connu alors, était couverte de forêts auxquelles on donnait le nom général d'*Hercynia silva* (forêt Hercynienne), qui s'appliquait particulièrement à celles qui se trouvaient à l'E. du pays appelé *Boiohemum* (la Bohème); *Marcinia sylva*, la forêt Marcienne, paraît être la forêt Noire.

115. Fleuves et Divisions.—Les principaux fleuves de cette vaste contrée étaient, outre le Rhin, dont nous avons déjà parlé : *Visurgis* (le Weser), *Albis* (l'Elbe), *Vistula* (la Vistule), et *Viadrus* (l'Oder). Les trois premiers servent à établir la division de ce pays en trois parties, savoir : *Germanie entre le Rhin et le Weser*, *Germanie entre le Weser et l'Elbe*, et *Germanie entre l'Elbe et la Vistule*. Nous allons faire connaître les peuples les plus remarquables de chacune de ces trois divisions.

116. I. Germania inter Rhenum et Visurgim. — La Germanie entre le Rhin et le Weser (le N. du royaume des Pays-Bas, partie du Hanovre, du grand-duché du Bas-Rhin, grand-duché d'Oldenbourg, Hesse, Nassau, Bade et Wurtemberg), était habitée par les

* Consultez la carte Imperium Romanum.

Francs, FRANCI, qui ne furent connus sous ce nom que dans le milieu du troisième siècle ; c'était une ligue composée de tous les peuples du N. de la partie de la Germanie dont nous nous occupons, jusqu'au Mein, et dont les principaux étaient :

117. FRISII, les Frisons (le N. des Pays-Bas), qui habitaient autour du lac *Flevo*, formé par une branche du Rhin qui y passait, et devenu depuis le golfe de Zuyderzée. — BRUCTERI, les Bructères, au S. des Frisons (grand-duché du Bas-Rhin). — CHAMAVI, les Chamaves, qui occupaient une partie du pays des Bructères. — SICAMBRI, les Sicambres (Nassau et Bade), peuple puissant, le plus belliqueux de la Germanie, qui osa dire à César que la domination romaine finissait au Rhin, et qu'il n'avait rien à voir au-delà de ce fleuve. Tels furent les peuples qui, en s'emparant de la Gaule, vers le commencement du cinquième siècle, fondèrent la monarchie française.

118. ALEMANNI, les Allemands (Wurtemberg), qui occupaient tout le S. de cette même partie de la Germanie, entre le Rhin, le Mein et le Danube, paraissent aussi avoir été une nation composée de plusieurs peuples réunis sous le même nom.

119. On peut citer dans cette partie de la Germanie deux endroits remarquables : — TEUTOBURGIENSIS SALTUS, la forêt de Teutobourg (près de Paderborn), au voisinage de laquelle se trouve aujourd'hui le hameau de *Ræmerfeld*, dont le nom, qui signifie *Champ des Romains*, atteste encore la défaite de trois légions romaines commandées par Varus, qui y furent entièrement massacrées sous le règne d'Auguste, l'an 8 de J.-C., par Arminius, chef des Chérusques, peuple qui habitait entre le Weser et l'Elbe. — AQUÆ MATTIACÆ (Wis-Baden, bains chauds), au N. de Mayence, sources chaudes que les Romains s'approprièrent, et qu'ils renfermèrent ensuite dans une petite province prise sur la Germanie, et défendue contre les barbares par un mur appelé *Vallum Romanum*, dont on trouve encore des vestiges.

120. II. Germania inter Visurgim et Albim. — La
Germanie entre le Weser et l'Elbe (la plus grande
partie du Hanovre, partie de la Prusse, presque toute
la Saxe et la Bohême, et une bonne partie de la Bavière, avait pour habitans :

121. Cauci majores, les Cauques (Hanovre), divisés
en grands et en petits par le Weser, vers l'embouchure duquel ils habitaient, les premiers à sa droite,
et les seconds à sa gauche. Tacite les désigne comme
celui des peuples germains qui avait les sentimens
les plus nobles et les plus élevés.

Cherusci, les Chérusques (duché de Lunebourg),
au S. des Cauques. Nous avons parlé du massacre
qu'ils firent de trois légions romaines commandées
par Varus (119).

122. Catti, les Cattes (Hesse), au S. des Chérusques, dont ils étaient séparés par une forêt appelée
Bacenis. Leur infanterie passait pour la meilleure de
la Germanie; ils furent souvent en guerre avec les
Romains, qui en triomphèrent plusieurs fois.

Hermunduri, les Hermundures (partie de la Bavière au N. du Danube), au S. des Cattes. Fidèles
alliés des Romains, ils avaient le droit exclusif d'en-
trer sur les terres de l'empire pour y trafiquer.

123. Marcomanni, les Marcomans (Bohême), qui
habitaient d'abord, vers les sources du Danube, le
pays qui fut appelé ensuite Decumates Agri, parce
que les Romains, après l'avoir subjugué, faisaient
payer tous les ans, aux habitans qui y restèrent, la
dîme de leurs revenus : au moment de l'invasion des
Romains, ils cherchèrent à se soustraire au joug, en
se jetant sur le Boiohemum (la Bohême), d'où ils
chassèrent les Boïens, Boii, qui passèrent dans la
Vindélicie, à laquelle ils donnèrent leur nom, Boia-
ria (Bavière Méridionale).

124. III. Germania inter Albim et Vistulam. — La
Germanie entre l'Elbe et la Vistule (Holstein, Mec-

klembourg, la plus grande partie du royaume de Prusse, une petite partie de la Saxe, Moravie, Autriche, et partie de la Pologne), portait aussi le nom de Suévie, *Suevia*, qu'elle tirait des Suèves, *Suevi*, le plus puissant des peuples qui l'habitaient, et dont le roi Arioviste est fameux dans les *Commentaires de César*.

125. Les principaux peuples compris sous le nom général de Suèves, étaient :

126. VINDILI, les Vindiles (Mecklembourg), qui habitaient à l'E. des Saxons, le long du rivage de la mer, jusqu'au *Viadrus*. C'est le même peuple qui, sous le nom de Vandales, s'est rendu si célèbre par ses incursions dans toute l'Europe et même dans l'Afrique, où sa domination fut enfin anéantie par le fameux Bélisaire, après avoir duré cent cinq ans. Les Rugiens, *Rugii*, qui ont donné leur nom à l'île de *Rugen*, dans la mer Baltique, paraissent avoir fait partie de ce peuple.

127. BURGUNDIONES, les Bourguignons (partie de la Poméranie, et le N. de la Prusse occidentale), occupaient toute la partie de la côte du golfe *Codanus*, entre le *Viadrus*, à l'O., et la Vistule, à l'E. Ils passèrent dans la Gaule, au commencement du cinquième siècle, et y fondèrent, dans le pays qui porte leur nom, un vaste royaume qui a subsisté pendant plus d'un siècle.

128. LANGOBARDI, les Langobards, et, par corruption, les Lombards (grand-duché de Brandebourg), au S. des Vindiles. Quelques-uns croient que ce furent ces mêmes Lombards qui, dans le sixième siècle, fondèrent en Italie le royaume de Lombardie, détruit deux siècles après par Charlemagne; d'autres font venir ces derniers Lombards de la Scythie.

129. SEMNONES, les Semnons (Lusace et Basse-Silésie), au S. des Langobards. Ce peuple, qui était fort nombreux, se prétendait la plus ancienne et la plus noble des nations suéviques.

Quadi, les Quades (Moravie et partie de la Basse-Autriche), à l'E. du Boiohemum. C'était de tous les peuples de la Germanie celui qui aimait le plus le pillage, et en même temps, quoique cela paraisse singulier, le plus hospitalier à l'égard des étrangers qui passaient chez eux.

VINDELICIA.

130. Bornes et Villes principales. — La Vindélicie (partie méridionale de la Bavière et du grand-duché de Bade), bornée à l'O. par le lac de Constance, au N. par la Germanie, à l'E. par le Norique, et au S. par la Rhétie, avait pour villes principales :

131. Augusta Vindelicorum, auparavant *Damasia* (Augsbourg), sur le *Licus* (Leck). Elle tirait son nom d'Auguste, qui y fit passer une colonie, lorsque la Vindélicie eut été conquise par Tibère.

132. Brigantia (Brégenz), située sur le lac auquel elle donnait son nom, *Brigantinus lacus* (lac de Constance).

RHÆTIA.

133. Bornes et Villes principales. — La Rhétie (pays des Grisons et Tyrol), bornée à l'O. par l'Helvétie, qui faisait partie de la Grande-Séquanaise, au N. par la Vindélicie, à l'E. par le Norique et la Vénétie, et au S. par les Alpes Rhétiques, qui la séparaient de la Gaule Cisalpine, avait pour villes principales :

134. Curia (Coire), sur la rive droite du Rhin.

135. Tridentum (Trente), au S. E., sur l'*Athesis* (Adige). Non loin de cette ville était *Terioli*, qui paraît avoir donné son nom au Tyrol.

NORICUM.

136. Bornes, Rivières et Villes principales. — Le Norique (partie de la Bavière et de l'Autriche),

borné à l'O. par la Vindélicie et la Rhétie, au N.
par la Germanie, à l'E. par la Pannonie, et au S. par
les Alpes Noriques, qui le séparaient de la Vénétie,
était arrosé par *Dravus* (la Drave), et *Savus* (la Save),
qui se jettent dans le Danube, et avait pour villes principales :

137. BOIODURUM (Innstadt, dans la Bavière), vis-à-vis le
confluent de l'Inn et du Danube, et qui paraît avoir été fondée par les Boïens, chassés de la Bohême par les Marcomans,
sous le règne d'Auguste.

138. LAURIACUM (Lorch), sur le Danube, ville importante, où les Romains entretenaient une garnison
et une flotte en station sur le Danube.

PANNONIA.

139. BORNES ET VILLES PRINCIPALES. — La Pannonie
(partie de l'Autriche et de la Hongrie), bornée à l'O.
par le Noricum, au N. et à l'E. par le Danube, qui
la sépare de la Germanie et de la Dacie, et au S. O.
par l'Illyrie, avait pour villes principales :

SIRMIUM (Sirmich), au S. E., sur la Save ; colonie
romaine qui devint une des plus grandes villes de
l'empire. Elle vit naître *Probus* et plusieurs autres
empereurs ; Marc-Aurèle y mourut.

CIBALIS (Swilei), aussi sur la Save, patrie de l'empereur
Valentinien Ier, et près de laquelle Constantin défit Licinius,
qui lui disputait l'empire.—SISCIA (Sissek, bourgade en Croatie), au N. O. de Cibalis, colonie romaine, dans une île formée par le *Colapis* (Culp, rivière qui se jette dans la Save).—
MURSA (Essek), sur la Drave ; il s'y livra entre l'empereur
Constance et Magnence une bataille si meurtrière, qu'elle livra
l'empire romain affaibli à l'invasion des barbares. — BREGETIO,
au N. E. de Siscia, en ruines, sur le Danube. L'empereur
Valentinien Ier y mourut d'un accès de colère. — VINDOBONA
(Vienne), au N. O., sur le Danube ; Marc-Aurèle y tomba
malade.

DACIA.

140. La Dacie (partie de la Hongrie, Transylvanie, à l'Autriche, Moldavie et Valachie, à la Turquie, et une petite partie de la Russie), était bornée à l'O. par la Germanie et la Pannonie, au N. par les monts *Carpates* (Krapacs), et le *Tyras* ou *Danaster* (Dniester), qui la sépare de la Sarmatie; à l'E. par ce dernier fleuve et par le Pont-Euxin, qui, avec le Danube, la borne aussi au S. Elle était habitée par les Daces et les Gètes, qui parlaient la même langue, et étaient réunis sous le même gouvernement. Ils ne furent subjugués que par Trajan.

141. VILLES. — Les principales étaient :
TIBISCUS (Temeswar), à l'O., près de laquelle sont les restes de grands retranchemens élevés par les Romains pour protéger la Dacie contre les incursions des nations voisines.

ZARMIZEGETHUSA, puis *Ulpia Trajana* (Var-Hel ou Gradisca), à l'E. de Tibiscus, où Trajan établit une colonie romaine, après avoir vaincu Décébale, dont elle était la capitale.

142. Au centre de ce pays se trouvait une montagne nommée *Cokajon* (Kaszon), que les Gètes regardaient comme sacrée, parce qu'elle était la residence de leur pontife, successeur de *Zalmoxis*, philosophe gète, disciple de Platon, qui avait rapporté dans son pays des connaissances qui le firent honorer comme un dieu. Les Gètes croyaient que son âme passait dans le corps de tous ses successeurs.

ILLYRICUM*.

143. BORNES, RIVIÈRES ET DIVISIONS. —L'Illyrie (partie de la Croatie, Dalmatie et Bosnie), appelée par les Grecs *Illyris*, et *Illyria* sous les empereurs, s'étendait le long de la mer Adriatique, qui lui servait

---

* Consultez les cartes ITALIA ANTIQUA, IMPERIUM ROMANUM.

de borne au S. O. Elle avait au N. la Pannonie, au N. O. l'Istrie, au S. E. la portion de la Macédoine appelée quelquefois *Illyris Græca*, et à l'E. la Mœsie. Le fleuve *Titius* (Kerca) la divisait en deux parties : la *Liburnie*, au N., et la *Dalmatie*, au S. Toutes les îles répandues le long de la côte de la mer Adriatique, qui prend aussi sur ses rivages le nom de mer d'Illyrie, *Illyricum mare*, faisaient aussi partie de cette contrée.

Villes. — Les plus remarquables étaient :

144. 1° Dans la Liburnie, habitée par les *Iapydes*, nation mêlée d'Illyriens et de Gaulois, et par les *Liburniens* proprement dits :

Metulum (Metuc-Vetus), la principale ville des Iapydes, au siége de laquelle Auguste, alors triumvir, se distingua beaucoup, et dont les habitans aimèrent mieux se brûler dans leur ville que de se rendre aux Romains.

Iadera ou *Jadera* (Zara), à l'O. de Metulum, ville considérable, capitale des Liburniens.

145. 2° Dans la Dalmatie :

Salona ou *Salonæ* (en ruines, à une lieue de Spalatro), colonie romaine, dans une belle plaine, près d'un petit golfe qui lui servait de port; célèbre par la retraite de Dioclétien, qui, après avoir abdiqué l'empire, y cultivait un jardin de ses propres mains.

146. Delminium (Delminio), au S. E. de Salone, capitale des Dalmates, ruinée par Scipion Nasica.

Scodra (Scutari), au S. E. de Delminium, près d'un lac nommé anciennement *Labeatis palus* (lac de Scutari, et la ville la mieux fortifiée des Labéates, nation soumise à Gentius, dernier roi d'Illyrie.

Arduba (Knin), sur le Titius, dont les femmes se jetèrent avec leurs enfans dans les flammes ou dans les eaux, lorsque leurs maris se furent rendus aux Romains.—Scardona, au S. O. d'Arduba. — Narona, en ruines, sur la droite du fleuve *Naro* (Narenta), ville puissante du temps de Cicéron. —

Epidaurus (Ragusi Vecchio), sur la mer Adriatique, ville grecque. — Dioclea, au N. E. d'Épidaure, patrie de Dioclétien, fameux par ses persécutions contre les chrétiens.

147. — Iles. Les principales étaient :

Sur la côte de la Liburnie : Crepsa (Cherso), Curicta (Veglia), Cissa (Pago), comprises sous le nom d'*Absyrtides*, que l'on fait venir d'Absyrtus, frère de Médée, mis en pièces par cette princesse.

Sur la côte de la Dalmatie : Brattia (Brazza); Phasos (Lesina), la plus considérable des îles de l'Illyrie, patrie de Démétrius, qui attira sur lui les armes des Romains, et fut vaincu dans son île même par le consul Æmilius; Corcyra nigra (Cursola), avec une ville fondée par les Cnidiens; Melite (Meleda). où saint Paul aborda, dit-on, après son naufrage. D'autres pensent que ce fut à *Melita* (Malte).

HISPANIA.

148. Noms, bornes et habitans. — L'Espagne (Espagne et Portugal), nommée aussi Ibérie, *Iberia*, à cause du fleuve *Iberus* (Ebre), qui l'arrose au N. E., et Hespérie, *Hesperia*, de sa situation à l'O. de l'Italie et de la Grèce, occupait toute la presqu'île comprise entre l'Océan Atlantique, à l'O., le détroit de Gadès ou d'Hercule (de Gibraltar), au S., et la mer Intérieure, à l'E. Elle était séparée de la Gaule, au N., par la chaîne des monts Pyrénées, *Pyrenæi montes*, qui s'étend d'une mer à l'autre. Elle était habitée par un grand nombre de peuples, presque tous *Celtes*, c'est-à-dire originaires de la Gaule ; ce qui lui avait fait donner aussi le nom de *Celtibérie*.

149. Divisions, fleuves et montagnes. — Après la seconde guerre Punique, les Romains, maîtres de l'Espagne, la divisèrent en deux parties, l'Espagne Citérieure, *Citerior*, au N. E., et Ultérieure, *Ulterior*, au S. O. Dans la suite, Auguste donna à l'Espagne Citérieure le nom de Tarraconaise, *Tarra-*

3

conensis, de *Tarraco* (Tarragone), sa capitale, et il partagea l'Ultérieure en deux provinces : la Lusitanie, *Lusitania*, au N. O. , et la Bétique, *Bœtica*, au S. E. Les noms des six fleuves principaux qui l'arrosent sont renfermés dans ce vers :

Sunt Minius, Durius, Tagus, Anas, Bœtis, Iberus;

qui sont aujourd'hui le *Minho*, le *Douro*, le *Tage*, la *Guadiana*, le *Guadalquivir*, et l'*Ebre*. Quant aux montagnes, les plus remarquables étaient : le mont *Vinnius*, au N. , dans les pays des Cantabres, qui s'y retirèrent après avoir été battus par les lieutenans d'Auguste, et qui s'y croyaient si en sûreté, qu'il leur semblait que les eaux de l'Océan y monteraient plutôt que les armes romaines; *Marianus mons* (la Sierra Morena), dans la Bétique; *Orospeda mons* (la Sierra de Alcaraz), et *Solorius mons* (la Sierra Nevada), chaîne qui renferme les plus hautes montagnes de l'Espagne.

150. HISPANIA CITERIOR ou TARRACONENSIS. — L'Espagne Citérieure ou Tarraconaise, appelée aussi Espagne Intérieure, *Interior*, et Supérieure, *Superior*, occupait tout le N. et l'E. de l'Espagne. Elle avait pour villes principales :

151. JULIOBRIGA, au N. , au pied des montagnes où l'Ebre prend sa source. C'était la principale ville des *Cantabres*, la nation la plus féroce de l'Espagne, et la dernière qui subit le joug des Romains. Elle donnait son nom à la partie de l'Océan qui baigne cette côte, et que l'on appelait Océan Cantabrique.

NUMANTIA, Numance (détruite, près de Soria), près de la source du Durius, au S. E. de Juliobriga, une des plus célèbres de l'Ibérie, et la capitale des *Arévaques*. Sa destruction fit presque autant d'honneur à Scipion que celle de Carthage, à cause de la longue résistance des habitans, qui, après avoir soutenu quatorze ans tous les efforts des Romains, aimèrent mieux s'entre-tuer, et mettre le feu à leur ville, que de se rendre aux vainqueurs.

Cæsarea Augusta (Sarragosse), à l'E. de Numance, sur l'Ebre, capitale des *Edétans*, et la ville la plus considérable de l'intérieur de la Tarraconaise.

Ilerda (Lérida), au S. E. de Cæsarea Augusta, capitale des *Ilergètes*, dont un des rois nommé Indibilis se rendit fameux dans les guerres d'Espagne. Ce fut à peu de distance de cette ville que César défit Afranius et Pétréius, lieutenant de Pompée.

152. Tarraco (Tarragone), au S. E. d'Ilerda, près de la mer d'Ibérie ; elle devint, sous les Romains, la capitale de la Tarraconaise, et la ville la plus considérable de toute l'Espagne.

Segobriga (Ségorbe), au S. O. de Tarraco ; Pline la donne pour capitale aux *Celtibériens*, le peuple le plus puissant de l'intérieur de l'Espagne, qui avait donné le nom de Celtibérie, *Celtiberia*, à la partie qu'il occupait.

Saguntus, Sagonte (détruite, près de Murviédro), au S E. de Segobriga ; elle est célèbre par sa fidélité aux Romains, et par la résistance opiniâtre de ses habitans, qui se brûlèrent avec leurs effets les plus précieux, pour ne point se rendre à Annibal. La destruction de cette ville fut le prétexte de la seconde guerre Punique.

153. Toletum (Tolède), sur le Tage, au N. O. de Sagonte, capitale des *Carpétans*. C'est dans cette ville que se déposaient tous les trésors tirés des mines de l'Espagne, et qui de là étaient envoyés à Rome.

Carthago Nova, Carthage la Neuve (Carthagène), au S. E. de Tolède, sur la côte de la Mer Intérieure, fondée par Asdrubal, gendre d'Amilcar Barca. L'avantage de sa situation, la commodité de son port, le plus sûr de toute l'Espagne, et de riches mines d'argent qui se trouvaient dans son voisinage, rendirent cette ville une des plus considérables de l'empire carthaginois, Scipion l'Africain s'en rendit maître l'an de Rome 543. Les Vandales l'ont détruite au cinquième siècle ; mais elle a été rebâtie depuis.

154. Lucus Augusti (Lugo), au N. O. de la Tarraconaise ; Bracara Augusta (Braga), et Calle Portus (Porto), qui a donné son nom au Portugal, principales villes des *Callaïques*, qui habitaient la Galice. — Lucus Asturum (près d'Oviédo), Asturica (Astorga), au N. E. des précédentes; principales villes des *Astures*, qui ont donné leur nom aux Asturies, et dans le pays desquels était placée une légion romaine, à l'endroit qui prit le nom de Legio Septima Gemina (Léon). — Flaviobriga (Santander), sur l'Océan Cantabrique.—Pallantia (Palencia), Cauca (Coca), au S. E. des précédentes, aux *Vaccéens*, qui opposèrent une vive résistance à Lucullus. La dernière est la patrie de l'empereur Théodose le Grand.—Segovia (Ségovie); Clunia (Corugna), au S. E. des précédentes, aux *Arévaques*. La première possède encore un superbe aqueduc bâti par les Romains.

155. Pompelo (Pampelune), au N. E. de Numance, sur la rive gauche de l'Ebre, capitale des *Vascons* ou Gascons, qui, dans le sixième siècle, passèrent les Pyrénées, et vinrent s'établir dans la province de la Gaule qui a conservé leur nom. — Calagurris (Calahorra), au S. O. de Pompelo, patrie de Quintilien.—Osca (Huesca), au S. E. de Calagurris, grande et belle ville, où Sertorius établit des écoles publiques, et où il fut assassiné. — Emporiæ (Ampurias), au N. E. d'Ilerda, sur la mer d'Ibérie ; ville commerçante divisée en deux parties : l'une habitée par une colonie de Phocéens, et l'autre par les Espagnols. — Barcino (Barcelone), au S. O. d'Emporiæ, fondée, dit-on, par Amilcar Barca, père du grand Annibal.— Bilbilis (Baubola, à peu de distance de Calatayud), à l'O. de Barcino, patrie de Martial, poète connu par ses épigrammes, et qui, après avoir passé la plus grande partie de sa vie à Rome, revint mourir dans sa patrie. — Mantua (Madrid), au S. O. de Bilbilis, peu connue sous les Romains.

156. Iles. — Sur la côte orientale de l'Espagne, se

trouvaient deux groupes d'îles, composés chacun de deux îles ; c'étaient :

BALEARES INSULÆ (les îles Baléares), appelées aussi *Gymnesiæ*, parce qu'elles fournissaient d'excellens frondeurs : ces îles se distinguaient entre elles par les noms de MAJOR (Majorque), à l'O., capitale PALMA (Majorque) ; et de MINOR (Minorque), à l'E. Elle avait un excellent port, nommé PORTUS MAGONIS (Port-Mahon), un des plus considérables de la Méditerranée, qui dut son nom à l'amiral carthaginois Magon, qui y relâcha avec sa flotte dans la seconde guerre Punique.

PITYUSÆ INSULÆ (les îles Pityuses), ainsi nommées de la grande quantité de pins qui y croissaient ; ces îles, au nombre de deux, étaient : EBUSUS (Yviça), au N., assez fertile, avec une capitale du même nom ; OPHIUSA (Formentara), au S., inhabitable, à cause de la grande quantité de serpens dont elle était infestée.

157. HISPANIA ULTERIOR. — L'Espagne Ultérieure occupait tout le S. O. de l'Espagne, et se partageait, comme nous l'avons dit, en deux provinces : la LUSITANIE, au N. O., et la BÉTIQUE, au S. E., séparées entre elles par l'Anas. Nous allons les décrire successivement.

158. LUSITANIA, la Lusitanie, dont la partie méridionale s'appelait *Cuneus*, le coin (Algarve), à cause de sa forme, avait pour villes principales :

SALAMANTICA (Salamanque), au N. E. de la Lusitanie, avec un pont magnifique construit par les Romains, sur une rivière nommée aujourd'hui *Tormes*, qui se jette dans le Douro. Elle était la capitale des *Vettons*.

EMERITA AUGUSTA (Mérida), au S. de Salamantica, sur l'Anas. Les Romains en firent la capitale de la Lusitanie, et la résidence d'un propréteur.

OLISIPPO (Lisbonne, capitale du Portugal), vers l'embouchure du Tage ; ville très-ancienne, dont on

paraient de la Gaule; à l'O., par la mer Inférieure
ou Tyrrhénienne; au S., par la mer de Sicile; et à
l'E., par la mer Supérieure ou Adriatique.

164. DIVISION. — L'Italie se divisait en quatre grandes parties : savoir, la *Gaule Cisalpine*, au N.; l'*Italie*
proprement dite, au centre; la *Grande Grèce*, au S.,
et les *Iles*, dont plusieurs sont considérables.

I. GALLIA CISALPINA.

165. POSITION ET DIVISION. — La Gaule Cisalpine,
ainsi nommée des Gaulois qui vinrent s'établir en deçà
des Alpes par rapport aux Romains, occupait toute la
partie septentrionale de l'Italie jusqu'au petit fleuve
du Rubicon (Pisatello), que les généraux romains ne
pouvaient passer avec leur armée sans une permission
du sénat. Elle était arrosée par le Pô, *Padus*, qui va,
sous le nom d'Éridan, *Eridanus*, se jeter dans la mer
Adriatique. Ce fleuve est célèbre dans la fable par la
chute de Phaéton, qui y tomba foudroyé par Jupiter.
La Gaule Cisalpine se divisait en quatre parties, savoir:
la Gaule *Transpadane*, au-delà du Pô, *Cispadane*,
en deçà du Pô, la *Ligurie*, autour du golfe du même
nom, et la *Vénétie*, qui entourait l'extrémité septentrionale de la mer Adriatique.

166. I. GALLIA TRANSPADANA.—La Gaule Transpadane
ou au-delà du Pô, par rapport aux Romains (la plus
grande partie du Piémont, et partie du royaume Lom-
bard-Vénitien), dont le nom indique la position, renfermait tous les grands lacs du N. de l'Italie, et était
en outre arrosée par un grand nombre de rivières qui
toutes se rendaient dans le Pô, et dont la plus remarquable est *Ticinus* (le Tésin), sur les bords duquel
Annibal remporta sa première victoire en Italie. Elle
avait pour villes principales :

167. COMUM (Como), à l'extrémité occidentale du
lac *Larius* (lac de Como), fondée par les *Orobiens*,
peuple originaire de la Gaule; elle devint avec le

temps si puissante, qu'elle se vit en état de faire la guerre contre les Romains. Elle fut la patrie de Pline le Jeune, qui y établit des écoles publiques.

MEDIOLANUM (Milan), au S. E. de Comum, la première ville bâtie par les *Gaulois-Insubriens*, qui passèrent en Italie sous la conduite de Bellovèse : elle était leur capitale, et devint la première ville de la Gaule Cisalpine. Dans la suite, elle fut souvent la résidence des empereurs : de sorte qu'elle ne le cédait qu'à Rome en grandeur, en richesses et en population. C'est la patrie de Cécilius, poète comique, et de l'historien Valère-Maxime. A trois lieues environ de cette ville étaient les champs Raudiens, *Raudii Campi* (dans un lieu appelé Rhô), où Marius vainquit et anéantit en quelque sorte la nation des Cimbres.

TICINUM (Pavie), au S. O. de Milan, sur le Tésin, à peu de distance de l'endroit où Annibal battit les Romains ; capitale des *Léviens*, l'une des villes les plus illustres de la Gaule Cisalpine, fameuse pour avoir été depuis le siége de l'empire des rois Lombards.

CREMONA (Crémone), sur le Pô, un peu au-dessous de sa jonction avec l'*Addua* (Adda), ville riche et florissante, qui eut beaucoup à souffrir dans la guerre civile entre Auguste et Antoine.

MANTUA (Mantoue), près d'un lac formé par le *Mincius* (Mincio) ; à peu de distance se trouvait le petit village d'*Andes* (Fiesola), où naquit Virgile.

168. HOSTILIA, sur le Pô, patrie de Cornelius Népos. — AUGUSTA PRÆTORIA (Aoste), au N. O., sur la *Duria major* (Doria Riparia), capitale des *Salasses*. — AUGUSTA TAURINORUM, auparavant *Tauresia* (Turin), sur le Pô, près de l'endroit où il reçoit la *Duria minor* (Doria Baltea) ; capitale des *Taurins*. — VERCELLE (Verceil), sur le *Sessites* (Sésia), capitale des *Libiciens*. On trouvait autrefois des mines d'or dans ses environs. — BERGOMUM (Bergamo), au N. E., capitale des *Orobiens*. — BRIXIA (Brescia), au S. E. de Bergomum, capitale des *Cénomans*, nation gauloise venue de la troisième Lyonnaise.

3*

169. II. Gallia Cispadana. — La Gaule Cispadane,
ou en deçà du Pô (duchés de Parme et de Plaisance,
États de Modène, et partie des États du pape), était
arrosée par plusieurs rivières, dont les plus remarquables étaient *Trebia* (la Trébie), fameuse par la seconde victoire d'Annibal en Italie; *Rhenus* (le Rheno),
dans une île duquel se forma le second triumvirat
entre Octave, Antoine et Lépide; et *Rubico* (le Pisatello), dont nous avons déjà parlé.

Ses principales villes étaient :

170. Placentia (Plaisance), vers le confluent de la
Trébie avec le Pô, capitale des *Anamans*, qui tirait
son nom de la beauté du pays où elle est située; patrie
de L. Calpurnius Pison, gendre de César.

Parma (Parme), au S. E. de Plaisance, dans le pays
des *Boïens ;* patrie de Cassius, l'un des meurtriers de
César.

171. Mutina (Modène), au S. E. de Parme, sur le
Gabellus (la Secchia), l'une des villes les plus anciennes de la Gaule Cisalpine, dont on attribue la
fondation aux Étrusques. Elle fut assiégée en vain par
Marc-Antoine.

Au S. de Mutina, sur le haut de l'Apennin, se trouvait, à
ce que l'on croit, la forêt Litane, *Litana Sylva*, où les Gaulois
détruisirent une armée romaine par un stratagème singulier.
Ils scièrent tous les arbres de la forêt; et, lorsqu'ils y virent
l'armée romaine engagée, ils poussèrent les arbres les plus
éloignés du chemin, qui, tombant de proche en proche sur les
autres, écrasèrent les Romains.

172. Bononia (Bologne), au S. E. de Modène, l'une
des villes les plus fameuses de la Gaule Cisalpine. Elle
portait le nom de *Felsina*, dans le temps qu'elle était
occupée par les Étrusques, qui l'avaient enlevée aux
Ombriens.

Ravenna (Ravenne), à peu de distance de la mer
Adriatique; Auguste y avait fait creuser un port pour

y tenir en station la flotte destinée à veiller sur la mer Adriatique. Elle est célèbre pour avoir été la résidence de l'exarque ou commandant que les empereurs envoyaient pour gouverner leurs possessions en Italie.

FORUM ALLIENI (Ferrare), à l'endroit où le Pô se partage en deux branches dans le pays des *Lingons*, peuple Gaulois venu des environs de Langres. — FAVENTIA (Faenza), au S. O. de Ravenne; fameuse dans les guerres de Sylla.

173. III LIGURIA. — La Ligurie (partie des États du roi de Piémont) comprenait tout le pays qui entoure le *Sinus Ligustinus* (golfe de Gênes), depuis la frontière de la Gaule jusqu'au petit fleuve *Macra* (la Magra), qui la séparait de l'Étrurie. Ses principales villes étaient :

174. ALBIUM INTEMELIUM (Vintimille), à l'embouchure du petit fleuve *Rutuba* (Roja), grande ville, capitale des *Intéméliens*.

GENUA (Gênes), sur le golfe de Ligurie, la plus riche et la plus grande ville de la Ligurie.

ALBIUM INGAUNUM (Albingue), sur la côte occidentale du golfe de Ligurie, capitale des *Ingaunes*. Près du rivage se trouvait la petite île de GALLINARIA (Gallinara), où se réfugia saint Martin, forcé de quitter Milan. — SAVONA (Savone), sur le même golfe, au S. O. de Gênes. — APUA (Pontremoli), à l'E. de Gênes, capitale des *Apuans*. — PORTUS VENERIS (Porto Venere), au S. d'Apua, à l'entrée d'un petit golfe appelé *Portus Lunensis*, à cause du port de *Luna* (golfe de Spezia), qui s'y trouvait. — ALBA POMPEIA (Albe), sur le *Tanarus* (Tanaro); patrie de l'empereur Pertinax. — BODINCOMAGUS, détruite, au S. du Pô, que les Liguriens appelaient *Bodincus*, mot qui, dans leur langage, veut dire *sans fond*. — DERTONA (Tortone). Non loin de là est CLASTIDIUM (Schiatezzo), ville près de laquelle les Gaulois furent battus par les Romains.

175. IV. VENETIA. — La Vénétie ou Hénétie (partie du royaume Lombard - Vénitien, de la Carinthie et

du Frioul, la Carniole et l'Istrie, provinces de l'empire d'Autriche) entourait toute l'extrémité septentrionale de la mer Adriatique, depuis le Pô, au S. O., jusqu'à l'Arsia, au S. E. Elle comprenait la *Carnie* et l'*Histrie*. Ses principales villes étaient :

176. 1° Dans la Vénétie proprement dite :

Verona (Vérone), sur l'*Athesis* (Adige), au N. E. de Mantoue. Elle tenait un rang distingué dans l'empire romain, comme l'attestent les beaux restes d'antiquités qui s'y trouvent, et surtout un amphithéâtre, le mieux conservé que l'on connaisse. C'est la patrie de Catulle, poète élégiaque, de Pline l'Ancien, et, selon la plus commune opinion, de l'architecte Vitruve.

Patavium (Padoue), à l'E. de Vérone, sur le *Medoacus minor* (Bacchiglione), fondée, si l'on en croit Virgile et Tite-Live, par le Troyen Anténor ; la ville la plus considérable et la plus puissante de la Vénétie, pouvant mettre jusqu'à cent vingt mille hommes sur pied. Les Romains, après l'avoir conquise, lui laissèrent ses lois et un sénat particulier. C'est la patrie de Tite-Live, fameux historien, et du philosophe Thraséa.

Vicentia (Vicence), au N. E. de Vérone, fondée par les *Euganéens*, l'un des peuples de la Vénétie, et augmentée par les Gaulois. — Adria (*Adria*), au S. E. de Padoue, sur un fleuve nommé *Tartarus* (Tartaro). Elle a donné son nom à la mer Adriatique, dont elle est peu éloignée.

177. 2° Dans la Carnie (Carniole), qui donnait son nom aux Alpes Carniques :

Aquileia, en ruines, à peu de distance de la mer, si considérable sous les empereurs, qu'on lui donnait souvent le nom de seconde Rome.

Æmona (Laybach), située beaucoup plus au N. E., au-delà des Alpes Carniques.

178. 3° Dans l'Histrie (Istrie) :

Tergeste (Trieste), au fond du golfe auquel elle donne son nom.

61

POLA, qui a conservé son nom, au S. de la presqu'île, au fond d'un petit golfe. C'est dans cette ville que fut relégué Crispus, fils de Constantin.

II. ITALIA PROPRIÈ DICTA.

179. POSITION ET DIVISION. — L'Italie proprement dite occupait tout le centre de l'Italie, depuis le Rubicon et l'embouchure de la Macra, au N., jusqu'au Fronton et au Silarus, au S. Elle renfermait six contrées principales, savoir : l'*Étrurie*, l'*Ombrie*, le *Picenum*, le *Latium*, le *Samnium* et la *Campanie*.

180. I. ETRURIA. — L'Étrurie (duchés de Lucques et de Massa, grand duché de Toscane et partie des États de l'Église), au N. O., était habitée par les *Tyrrheni* ou *Tusci*, peuple très-puissant et divisé en douze petits États, dont les chefs s'appelaient *Lucumons*. Les députés des douze *Lucumonies* se réunissaient, lorsqu'il s'agissait de délibérer en commun sur les intérêts généraux de la nation. On trouvait dans leur pays le mont *Soracte* (Saint-Sylvestre), près du Tibre, et sur lequel était un temple d'Apollon, dont les prêtres marchaient sur des charbons ardens. Les principales villes étaient :

181. LUCA (Lucques), sur la rivière d'*Auzer* (Serchio), qui se jette dans l'Arnus (Arno).

182. FÆSULÆ (Fiesoli), au N. E.; une des plus anciennes et des plus considérables de l'Étrurie.

ARRETIUM (Arezzo), sur la rive gauche de l'*Arnus*, au S. E.; capitale des *Arrétins*, l'un des plus puissans des douze peuples Etrusques.

CORTONA (Cortone), au S. E.; capitale des *Cortoniens*, et l'une des premières villes d'Étrurie.

CLUSIUM (Chiusi), au S. de Cortone, sur des marais appelés *Clusina Palus* (Marais de la Chiana), dont le passage coûta un œil à Annibal; capitale des *Clusiniens* et du roi Porsenna.

183. PISTORIA ou *Pistorium* (Pistoie), au pied de l'Apennin.

C'est près de cette ville que Catilina fut tué. — Pisæ (Pise), entre l'*Auser* et l'*Arnus*. — Florentia (Florence), sur l'*Arnus*. — Volaterræ (Voltera), au S. O., capitale des *Volaterrans*, et patrie de Perse, poète satirique. — Vetulonii, près de la mer, capitale des *Vétuloniens*. — Rusellæ (Rosella), au S. E, capitale des *Rusellans*. — Telamon, sur la mer ; les Romains y remportèrent une célèbre victoire sur les Gaulois, l'an de Rome 528.

184. Vulsinii (Bolsena), sur le lac du même nom ; capitale des *Vulsiniens*, les plus opulens des Étrusques, et patrie de Séjan, favori de Tibère.

Veii, détruite, à quatre lieues au N. O. de Rome ; capitale des *Véiens*, aussi grande et aussi peuplée que Rome, et la première des cités étrusques, lorsque les Romains en firent le siège, qui dura dix ans, et fut terminé par Camille.

Près de cette ville coulait la petite rivière de Crémère, *Cremera*, qui se jette dans le Tibre, et près de laquelle périrent les 306 Fabius. — Cære, auparavant *Agylla* (Cer-Veteri), à l'O., près de la mer ; capitale de Mézence, prince inhumain, dont parle Virgile, et dans la suite une des douze Lucumonies d'Étrurie. C'est là que se retirèrent les Vestales, lors de la prise de Rome par les Gaulois. — Tarquinii (la Turchina), au N. O. de Cære ; capitale des *Tarquiniens* et patrie des Tarquins. — Falerii (Falari), au N. E. de Tarquinies ; capitale des *Falisques*, connue par le trait du maître d'école renvoyé par Camille. — Perusia (Pérouse), à l'E. du lac de Trasimène ; capitale des *Pérusiens*, devint célèbre dans la guerre de L. Antonius, frère du triumvir, contre Octave. — Centum Cellæ ou *Trajani Portus* (Civita-Vecchia), port sur la mer Tyrrhénienne, construit par l'empereur Trajan.

185. II. Ombria. — L'Ombrie (Ombrie, duché d'Urbin, partie de la Romagne et du Pérousan), à l'E. de l'Étrurie, était arrosée par plusieurs rivières, dont la plus remarquable était *Metaurus* (le Metauro), célèbre par la défaite d'Asdrubal, frère d'Annibal.

Parmi les villes on remarquait :

186. ARIMINIUM (Rimini), près de la mer Adriatique et à l'embouchure d'un petit fleuve du même nom (la Marechia). C'était la ville la plus septentrionale de l'Italie proprement dite, et la première dont César s'empara après avoir passé le Rubicon.

SENOGALLIA (Sinagaglia), sur la même mer, fondée par les Gaulois *Sénonais*, qui se maintinrent pendant cent ans dans l'Ombrie, où ils s'étaient établis vers l'an de Rome 356. Ce furent ces Gaulois qui défirent complètement les Romains à la bataille d'Allia, et se rendirent maîtres de Rome qu'ils brûlèrent à l'exception du Capitole.

187. PISAURUM (Pesaro), aussi sur la mer, à l'embouchure du petit fleuve *Pisaurus* (la Faglia). — SARSINA, qui conserve aujourd'hui le même nom, dans l'intérieur, au S. O. d'Ariminium; patrie de Plaute, fameux poète comique. — MEVANIA (Bevania), sur le *Clitumnus* (Clitumno), sur les bords duquel on élevait une grande quantité de bœufs blancs pour les sacrifices. C'est la patrie de Properce, poète élégiaque. — SPOLETIUM (Spolette), à peu de distance du *Nar* (la Nara). C'est là que fut tué l'empereur Julius-Emilien, après un règne de trois mois. — INTERAMNA (Terni), au S. de Spolette. Elle tirait son nom de sa position entre deux bras du Nar. C'est la patrie de Tacite, célèbre historien, qui vivait au premier siècle de l'ère chrétienne. — NARNIA, auparavant *Nequinum* (Narni), au S. E. de la précédente, sur le Nar; patrie de l'empereur Nerva. — AMERIA (Amélia), à peu de distance du Tibre et du Nar, patrie de Sext. Roscius, en faveur duquel Cicéron prononça une harangue.

188. III. PICENUM. — Le Picenum, ou pays de la poix, parce qu'il en produisait en abondance (Marche d'Ancône), s'étendait le long de la mer Adriatique. Toute la partie méridionale était occupée par un peuple particulier nommé Prétutiens, *Prætutii*. Les villes principales étaient :

ANCONA (Ancône), fondée par les Syracusains, sur un cap, près duquel Trajan fit construire un port, l'un des meilleurs de la mer Adriatique; ce qui rendit cette ville très-commerçante.

Asculum (Ascoli), au S. d'Ancône, sur une montagne de difficile accès, près du *Truentus* (Tronto), capitale du Picenum.

189. Adria (Atri), au S. E. d'Asculum, près de la mer, capitale des *Prétutiens*. L'empereur Adrien en était originaire.

190. IV. Latium. — Le Latium ou pays des Latins, dans lequel nous comprendrons le pays des Sabins (la Sabine, et la campagne de Rome), au S., avait pour villes principales :

191. 1° Dans le pays des Sabins, au N. E. du Latium : Cures (Correze), au S. O.; première capitale des *Sabins*, et patrie de Numa Pompilius.

Reate (Rieti), près de l'Allia (Aia), rivière fameuse par la défaite des Romains par les Gaulois Sénonais. Elle succéda à Cures dans la dignité de capitale des Sabins. L'empereur Vespasien était né dans ses environs.

Nursia (Nocera), au N. E., au pied de l'Apennin, patrie de Sertorius. — Amiternum, ruinée, à l'E., près du pays des Prétutiens; patrie du célèbre historien Salluste. — Fidenæ ou Fidena, ruinée, au S. O., sur le Tibre; grande ville. Cinquante mille personnes y périrent sous le règne de Tibère par la chute d'un amphithéâtre.

192. 2° Dans le Latium proprement dit :

Roma (Rome), sur le Tibre; cette ville, qui fut long-temps la capitale de l'univers, était bâtie sur sept collines, savoir : les monts Palatin, Capitolin, Quirinal, Cælius, Aventin, Esquilin et Viminal, auxquels on a encore ajouté depuis le Janicule et le Vatican, situés sur la gauche du Tibre. De Rome partaient un grand nombre de chemins qui traversaient toutes les parties de l'empire romain, et dont on trouve des restes en beaucoup d'endroits.

Tibur (Tivoli), sur l'*Anio* (Teverone); qui y forme une

belle cascade. Cette ville, beaucoup p'us ancienne que Rome, est célèbre par la beauté de son site, et par les vers d'Horace, qui y avait une maison de campagne, ainsi que Mécène, son protecteur. — Collatia, près de la rive gauche de l'Anio, demeure de Tarquin Collatin, époux de Lucrèce. — Præneste (Palestrine), à l'E. de Rome, sur la limite du pays des Èques. Marius le jeune s'y fit tuer, pour ne pas tomber entre les mains de Sylla, qui fit passer tous les habitans au fil de l'épée. C'est la patrie d'Élien, historien qui vivait sous Alexandre-Sévère. Les *Èques,* auxquels on la donne quelquefois pour capitale, habitaient à l'E. du pays des Latins. Ils résistèrent long-temps aux Romains, qui ne les soumirent entièrement que l'an de Rome 450. — Tusculum (Frascati), au S. E. de Rome, et capitale des *Latins.* C'est la patrie de Cincinnatus et de Caton le Censeur. Cicéron avait dans les environs une maison de campagne où il composa ses *Tusculanes.*

193. Alba longa, Albe la Longue (Palazzolo), au S., fondée, dit-on, par Ascagne, fils d'Énée; capitale d'un royaume que la victoire du jeune Horace sur les trois Curiaces soumit aux Romains, qui détruisirent Albe et en transportèrent les habitans à Rome.

Ostia (Ostie), près de l'embouchure orientale du Tibre. Elle fut pendant plusieurs siècles le port de Rome. Sur l'autre embouchure du Tibre était *Portus Augusti* (Porto), construit par l'empereur Claude.

Lanuvium, patrie de l'empereur Antonin le Pieux. — Laurentum (Torre di Paterno), sur la mer; capitale du roi Latinus. — Lavinium (Pratica), aussi sur la mer, fondée par Énée, qui lui donna le nom de *Lavinie,* son épouse.—Elle était considérée comme la mère des villes d'Albe et de Rome. — Ardea (Ardia), au S. E.; capitale des *Rutules* et de leur roi Turnus. — Anagnia (Anagni), à l'E. de Tusculum, capitale des *Herniques,* qui habitaient à l'E. des Latins, et que les Romains soumirent de bonne heure. — Alatrium (Alatri), patrie de Fabricius, dans le même pays.

194. Suessa Pometia, au S. E. d'Ardée; capitale des *Volsques,* nation puissante, et les ennemis les

plus obstinés des Romains. Ils habitaient le pays au S. des Rutules et des Herniques, et possédaient outre Suesse :

VELITRÆ (Veletri), au N. O., d'où la famille d'Auguste était originaire. — ANTIUM (Anzio), au S. O. de Suesse, ville maritime, fameuse par un temple magnifique dédié à la Fortune.—PRIVERNUM, au S. E. de Suesse; patrie de Camille, héroïne célèbre dans l'*Énéide*. — ARPINUM (Arpino), au N. E. de Priverne, patrie de C. Marius et de Cicéron, le prince des orateurs latins. — AQUINUM (Aquino), au S. E. d'Arpinum; patrie du poète satirique Juvénal. — C'était dans le pays des Volsques, le long de la côte de la mer, que se trouvaient les marais Pontins, *Pomptinœ paludes*, qu'on a plusieurs fois tenté vainement de dessécher. A l'extrémité méridionale de ces marais se trouvait la ville de TERRACINA (Terracine), que les Volsques nommaient *Anxur*, et à l'O. de laquelle était le *Circeii promontorium* (Monte Circello), que l'on prétendait avoir été habité par cette célèbre magicienne.

195. MINTURNÆ (Minturnes), à l'embouchure du Liris, dans le pays des *Arunces;* Marius se tint longtemps caché dans les marais qui l'environnent.

CAIETA (Gaëte), au S. O. Elle avait un port commode et très-fréquenté. C'est près de cette ville que Cicéron fut assassiné.— C'est dans le pays des Arunces que se trouvaient le mont Massique, *Massicus mons* (monte Massico ou monte di Dracone), et la campagne de Falerne, *Falernus ager*, qui produisait des vins si renommés.

196. V. SAMNIUM. — Le Samnium ou pays des Samnites (Abruzze), au N. E., le long de la mer Adriatique, habité par des peuples puissans et belliqueux, qui résistèrent plus de soixante-dix ans à tous les efforts des Romains, avait pour villes principales :

197. MARRUBIUM, détruite, au bord du lac Fucin (lac de Celano); capitale des *Marses*, l'un des peuples les plus belliqueux de l'Italie.

AUFIDENA (Alfidena), sur le Sagrus (Sangro), l'une des capitales des Samnites.

ATERNUM (Pescara), à l'embouchure du fleuve de son nom. — TEATE (Chieti), à l'O.; capitale des *Marrucins*. Elle a donné son nom à un ordre religieux. — CORFINIUM, ruinée, au S. O. d'Aternum; capitale des *Pélignes*. — SULMO (Solmona), à l'O.; patrie du poète Ovide. — ANXANUM (Lanciano), sur le Sagrus (Sangro), à quelque distance de son embouchure; capitale des *Frentans*, qui habitaient le long de la mer Adriatique. — CAUDIUM (Arjola), au S., sur la frontière de Campanie; village célèbre, près duquel étaient les fourches Caudines, où les Samnites firent passer une armée romaine sous le joug. — ABELLINUM (Avellino), dans le pays des *Hirpins*, au S. des Samnites. — PICENTIA, vers la mer Tyrrhénienne, capitale des *Picentini*, peuple qui habitait le S. du Samnium, et qu'il ne faut pas confondre avec les habitans du Picenum. — SALERNUM (Salerne), sur la mer, où mourut Sylla.

198. BENEVENTUM (Bénévent), sur la limite du pays des Samnites et des Hirpins, fondée, dit-on, par Diomède, et célèbre par la victoire qui termina la guerre de Pyrrhus.

199. VI. CAMPANIA. — La Campanie (la plus grande partie de la Terre de Labour), au S. et à l'O. du Samnium, était vantée par les auteurs anciens comme la contrée la plus délicieuse de l'univers. C'est dans ce pays que se trouvait le Vésuve, *Vesuvius mons*, dont la première éruption connue, arrivée l'an 79 de J.-C., détruisit les villes d'*Herculanum* (sur laquelle on a bâti Portici), de Pompéi et de Stabia, et coûta la vie à Pline l'Ancien, qui périt victime de son amour pour les sciences; et le lac Averne, *Avernus lacus*, qui tirait son nom d'un mot grec qui signifie *sans oiseaux*, parce que les anciens croyaient que les vapeurs qui s'en exhalaient suffoquaient les oiseaux qui essayaient de voler au-dessus. Il occupe le cratère d'un volcan, de sorte que sa profondeur était très-grande. Toutes ces circonstances le faisaient considérer dans l'antiquité comme l'une des entrées des enfers.

200. Les principales villes de la Campanie étaient: CAPUA (Capoue, à quelque distance de l'ancienne),

près de la rive gauche du Vulturne; capitale de la Campanie, fameuse par son luxe et par la mollesse de ses habitans. Ce délicieux séjour énerva le courage des troupes carthaginoises qu'Annibal y conduisit pour passer l'hiver après la bataille de Cannes.

VENAFRUM (Venafro), sur le Vulturne, la ville la plus septentrionale de la Campanie, renommée par son huile d'olive. — TEANUM (Tiano), au S. de Venafrum; une des plus grandes et des plus belles villes de la Campanie, fameuse par ses bains chauds. — CASILINUM, détruite, au N. O. de Capoue; prise par Annibal, et reprise deux ans après par Fabius. — LITERNUM, au S. O. de Capoue, où se retira le grand Scipion, sur le tombeau duquel est, dit-on, bâtie la tour appelée aujourd'hui *Torre di patria*. — PUTEOLI (Pouzzol), au S. E. de Cumes, dont elle dépendait, avec un excellent port qui lui procura de grandes richesses. La côte qui s'étend en croissant au S. de cette ville formait le petit golfe de Baies, *Baianus sinus*, couvert de superbes maisons de campagne qui faisaient de ce lieu un séjour de délices pour les Romains. L'empereur Adrien mourut dans la petite ville de Baies, *Baiæ*.

201. NOLA, qui a conservé son nom, au S. E. de Capoue; une des villes les plus fortes de la Campanie, assiégée inutilement par Annibal, mais plus célèbre encore par la mort d'Auguste. Cicéron possédait, à peu de distance de cette ville, une campagne appelée *Pompeianum*, où il composa plusieurs de ses traités.

CUMÆ (Cumes), au S. O. de Capoue, sur la mer Inférieure; fameuse par sa sibylle, et l'une des villes les plus puissantes et les plus riches de la Campanie, avec un port où aborda Énée, selon Virgile.

Aux environs de cette ville étaient les campagnes ardentes, célèbres dans l'antiquité sous le nom de *Phlegræi campi*, où l'on trouve encore aujourd'hui la *Solfatare*, montagne brûlante.

202. NEAPOLIS (Naples), à l'E. de Pouzzol; colonie grecque fondée sous le nom de *Parthénope*. Elle devint l'une des villes les plus considérables de la

Campanie. C'est la patrie de l'historien Velleius Paterculus et du poète Stace. On voit, à peu de distance de cette ville, le tombeau de Virgile, qui avait passé à Naples une partie de sa vie, et qui voulut y être enterré.

III. MAGNA GRÆCIA.

203. POSITION ET PAYS QU'ELLE COMPRENAIT. — L'Italie Méridionale, connue sous le nom de Grande Grèce, à cause du grand nombre de colonies grecques qui la peuplèrent, renfermait quatre pays principaux, savoir : l'*Apulie*, la *Messapie*, la *Lucanie*, et le *Brutium*.

204. I. APULIA. — L'Apulie ou la Pouille (Capitanate, Terre de Bari et partie de la Basilicate), que les Grecs comprenaient, ainsi que la Messapie, sous le nom d'*Iapygie*, s'étendait le long de la mer Adriatique, et se divisait en Daunie, *Daunia*, au N., et Peucétie, *Peucetia*, au S. Ses villes principales étaient :

205. ARPI, fondée par Diomède, et capitale des Dauniens.

CANNÆ, Cannes (près Barletta), à l'E. ; à peu de distance de l'embouchure de l'*Aufidus* (Ofanto), célèbre par la victoire la plus remarquable d'Annibal sur les Romains, qui y perdirent plus de cinquante mille hommes.

LUCERIA (Lucera), au N., fondée, dit-on, par Diomède. — CANUSIUM (Canosa), au S. E. Les restes de l'armée romaine s'y retirèrent après la défaite de Cannes. — VENUSIA (Venosa), au S. O.; patrie d'Horace.

206. II. MESSAPIA. — La Messapie (duché d'Otrante) occupait toute la presqu'île au S. E. de l'Italie, et était habitée par les Calabrois, *Calabri*, au N. O., et les Salentins, *Salentini*, au S. E. ; le promontoire *Iapygium* (cap Leuca) la terminait au S. Ses villes principales étaient :

207. TARENTUM (Tarente), sur le golfe du même

nom; fondée par les Lacédémoniens, sous la conduite de Phalanthe. Son port, qui était très-vaste, joint à la position extrêmement avantageuse de cette ville entre l'Italie, la Sicile, l'Afrique, la Grèce et l'Illyrie, contribua à la rendre extrêmement opulente, de manière qu'elle devint la capitale de la Messapie, de l'Apulie et de la Lucanie. C'est la patrie du géomètre Archytas et du philosophe Lisis, qui fut précepteur d'Epaminondas.

BRUNDISIUM (Brindisi ou Brindes), au N. E. de Tarente, à l'entrée de la mer Adriatique, avec un bon port, où l'on s'embarquait ordinairement pour passer en Grèce. Virgile y mourut comme il se préparait à faire ce trajet. C'est la patrie de Pacuvius, poète tragique. — HYDRUNTUM (Otrante), au S. E., à l'endroit le plus resserré du détroit, qui donne entrée à la mer Adriatique, qui n'a vis-à-vis cette ville qu'environ seize lieues de largeur.

208. III. LUCANIA. — La Lucanie (partie de la Principauté Citérieure, de la Basilicate et de la Calabre Citérieure), entre le golfe de Tarente, à l'E., et la mer Tyrrhénienne, à l'O., avait pour villes principales :

209. PÆSTUM ou *Posidonia* (Pesti), sur le golfe de Salerne, que l'on appelait aussi golfe de Pæstum, *Pestanus sinus*. Elle était célèbre par ses rosiers, et a conservé de beaux restes d'antiquité.

SYBARIS, détruite, sur le fleuve *Sybaris* (Roccanello), qui se jette dans le golfe de Tarente. La mollesse de ses habitans passa en proverbe; aussi, quoiqu'elle fût assez puissante pour mettre 300 mille hommes sur pied, le fameux Milon, à la tête de 100 mille Crotoniates, la détruisit. Elle fut ensuite rebâtie sous le nom de *Thurium*, et eut pour législateur Charondas, qui se perça de son épée, pour prouver son respect pour les lois. L'historien Hérodote et l'orateur Lysias se fixèrent dans cette ville.

HELEA (Castello a mare della Brucca), au S. E. de Pæstum,

sur un petit golfe du même nom ; patrie du philosophe Zénon Héléate, que le tyran Néarque fit piler dans un mortier. — MÉTAPONTUM, détruite, sur le golfe de Tarente ; fondée, dit-on, par Épéus, qui avait construit le fameux cheval de Troie. Pythagore y mourut. — HERACLEA, ruinée, au S. O. de Métaponte, à l'embouchure de l'Aciris, patrie du fameux peintre Zeuxis. Pyrrhus défit les Romains près de cette ville.

210. IV. BRUTIUM. — Le Brutium (Calabre Ultérieure) occupe l'extrémité méridionale de l'Italie ; ses villes les plus remarquables étaient :

211. CONSENTIA (Cosenza), au centre, sur le Crathis (Crati) ; capitale des Brutiens.

CROTONA (Crotone), à l'E., sur la mer Ionienne, célèbre par ses écoles de philosophie, et par ses athlètes, dont Milon fut le plus fameux.

LOCRI (Motta di Burzano), au S., fondée par des Locriens de Grèce ; elle prit le surnom d'*Epi Zephyrii*, de sa situation près du promontoire *Zephyrium*. Elle devint une des principales villes du Brutium, et eut pour législateur Zaleucus, philosophe pythagoricien.

RHEGIUM (Reggio), au S. O., sur le détroit de Sicile, vis-à-vis Messine, qui n'en est qu'à environ trois lieues. Elle devint fort puissante, et fut la patrie d'Agathocle, qui, quoique fils d'un potier, devint roi de Sicile.

PETILIA (Strongoli), à l'E., près de la mer Ionienne, fondée par Philoctète, et célèbre par sa fidélité envers les Romains pendant la seconde guerre punique. — SCYLACIUM (Squillace), sur le golfe du même nom, patrie de Cassiodore. — MAMERTUM (Oppido), au S. O. de Scylacium ; c'est de cette ville qu'étaient sortis les Mamertins, qui s'emparèrent de celle de Messine en Sicile.

Sur la côte orientale du Brutium, au S. de Crotone, était un rocher nommé *Calypsus insula*, où l'on plaçait la demeure de la nymphe Calypso, et que l'on compte quelquefois parmi les îles de la Grèce.

IV. ItaliÆ insulÆ.

212. Les îles qui dépendaient de l'Italie étaient situées dans la Méditerranée ; on en comptait trois principales, savoir : la *Sicile*, la *Sardaigne*, et la *Corse*, que nous allons décrire successivement ; nous parlerons ensuite de toutes les petites îles répandues sur la côte occidentale de l'Italie.

I. Sicilia.

213. Position et nom anciens. — La Sicile, au S. de la mer Tyrrhénienne et à l'O. de celle à laquelle elle donnait son nom, est séparée de l'Italie par le *Fretum Siculum* (phare de Messine), où se trouvent les rochers de *Scylla* et le tourbillon de *Charybde*, jadis redoutés des navigateurs, et qui, dans l'endroit le plus resserré, n'a que quinze cents pas de largeur. Elle a environ deux cents lieues de tour, et prit successivement les noms de *Sicania*, des Sicaniens, *Sicani*, peuples venus de l'Espagne ; et de *Sicilia*, des Siciliens, *Siculi*, venus de l'Italie. Les trois promontoires qui lui avaient fait donner par les poètes le nom de Trinacrie, *Trinacria*, étaient : *Pelorum promontorium* (le cap Faro), *Pachinum promontorium* (le cap Passaro), *Lilybæum promontorium* (le cap Boëo).

214. Montagnes. — Parmi les montagnes qui couvrent une partie de cette île, sous les noms de monts *Nebrodes* et *Heræi*, on remarquait *Ætna mons* (le mont Etna ou Gibel), où les poètes plaçaient les forges de Vulcain et la demeure des Cyclopes ; *Eryx mons* (le mont Saint-Julien), à l'O., sur le sommet duquel était un temple consacré à Vénus.

215. Villes. — Les plus remarquables étaient :
Messana (Messine), sur le détroit : elle s'appelait d'abord *Zancle*, et fut ensuite habitée par des Messéniens chassés du Péloponèse.
Syracusæ (Syracuse), au S. E., sur la mer de Sicile,

fondée par des Corinthiens, 757 ans avant J.-C.; capitale de la Sicile, et l'une des plus grandes, des plus belles et des plus puissantes villes grecques ; patrie d'Archimède, fameux mathématicien, et des poètes Théocrite, Épicharme et Moschus.

C'est dans l'île d'Ortygie, qui formait l'un des quartiers de Syracuse, que coulait la fontaine Aréthuse, célèbre dans les poètes, qui feignent que l'Alphée, fleuve du Péloponèse, se fraie une route secrète sous les flots de la mer, pour venir mêler ses eaux à celles de cette fontaine.

CATANA (Catane), au N. O., sur la même mer ; ville riche et bien peuplée, près des plaines qu'habitaient les Lestrigons, l'un des plus anciens peuples de la Sicile, qu'Homère dépeint comme très-féroce. — HELORUM (Murri-Ucci), au S. O. de Syracuse, près du fleuve *Asinarus*, sur les bords duquel les Athéniens, qui venaient pour s'emparer de la Sicile, furent entièrement défaits. — CAMARINA, auparavant *Hyperia* (en ruines sous le nom de Camarana), sur la côte méridionale, l'une des villes les plus riches de la Sicile.

216. AGRIGENTUM, Agrigente (Girgenti), au N. O. de Syracuse, et après elle la première ville de la Sicile. Elle possédait un temple magnifique de Jupiter Olympien. C'est là que régna le tyran Phalaris et que naquit le philosophe Empédocle, qui se précipita dans le cratère de l'Etna pour s'immortaliser.

SELINUS, Sélinonte, détruite, au N. O. d'Agrigente, l'une des villes les plus considérables de la Sicile, fondée par les Mégariens.

LILYBOEUM, Lilybée (Marsala), près du cap du même nom. Elle appartint long-temps aux Carthaginois, dont elle fut la plus forte place dans la Sicile.

PANORMUS (Palerme), au fond d'un golfe, avec un port très-commode ; c'était la place la plus considérable que possédassent en Sicile les Carthaginois, lorsque les Romains s'en rendirent maîtres.

217. DREPANUM (Trapani), au N. E. de Lilybée ; port où aborda Énée, et où il fit les funérailles de son père Anchise.

4

Cette ville est encore plus célèbre par un combat naval dans lequel les Romains furent complétement défaits par les Carthaginois. — HIMERA, détruite, au S. E. de Panorme, fameuse par une grande bataille, dans laquelle Gélon, roi de Syracuse, défit les Carthaginois, qui perdirent 150 mille hommes.—MILE (Melazzo), au N. E. d'Himère, près de laquelle les Romains, commandés par Duillius, gagnèrent leur première victoire navale sur les Carthaginois. — ENNA (Castro-Giovani), au centre de la Sicile, près des plaines où Pluton, selon la fable, enleva Proserpine. — HYBLA MAJOR (Paterno), à l'E. d'Enna; fameuse par son miel. — LEONTINI (Lentini), au S. E. d'Hybla; ville grecque qui avait formé une république assez puissante, et dont les environs étaient d'une fertilité prodigieuse. —EGESTA ou SEGESTA, détruite, au S. O. de Panorme; fondée, dit-on, par Énée, et l'une des villes les plus puissantes de la Sicile.

218. ILES VOISINES DE LA SICILE. — Les plus remarquables étaient :

1° Æoliæ ou *Vulcaniæ insulæ* (îles de Lipari), au N.; îles volcaniques au nombre de sept, dont les principales étaient LIPARA (Lipari), la plus considérable de toutes, avec une capitale du même nom, et dont les habitans étaient Grecs d'origine; HIERA ou *Vulcania* (Volcano), spécialement consacrée à Vulcain; STRONGYLE (Stromboli), regardée comme le séjour d'Eole, roi des vents.

2° ÆGADES INSULÆ (îles Maretimo, Levanzo et Favignana), à l'O. Elles sont célèbres par la victoire navale que les Romains remportèrent dans les environs, et qui termina la première guerre Punique.

219. 3° COSSYRA (Pantelaria), au S. des précédentes.

4° MELITA (Malte), au S. de la Sicile, avec une capitale du même nom (Rabatto). On croit que ce fut sur ses côtes que saint Paul fit naufrage : elle avait de bons ports et était très-fertile.

5° GAULOS (Gozzo), au N. de Malte, et peuplée comme elle par des Phéniciens.

II. Sardinia.

220. Position et Villes principales. — La Sardaigne, appelée aussi par les Grecs *Ichnusa*, parce que sa forme ressemble à celle du pied d'un homme, est située au N. O. de la Sicile, et n'a guère moins d'étendue qu'elle. On y trouvait :

Caralis (Cagliari), au S. E., sur le golfe de son nom, fondée par les Carthaginois ; capitale de l'île.

Turris Libissonis (Porto di Torre), au N., ville romaine, dont les environs conservent encore le nom de *Romagne*.

III. Corsica.

221. Position. — L'île de Corse, appelée d'abord *Cyrnos*, était au N. de la précédente, dont elle est séparée par le détroit de *Taphros* (détroit de Bonifacio), large de 4 lieues et demie. Elle était stérile, et ses habitans féroces et stupides. Ses villes principales étaient :

Malia, nommée ensuite *Aleria*, ruinée, sur la côte orientale ; fondée par des Phocéens.

Nicæa, nommée ensuite *Mariana*, conservant aujourd'hui ce dernier nom, qu'elle devait à Marius, au N. de la précédente. — Mantinorun Oppidum (Bastia), au N.

IV. Iles répandues sur la côte occidentale de l'Italie.

222. Les plus remarquables étaient, en commençant par le nord :

223. Ilva Insula (île d'Elbe), nommée *Æthalia* par les Grecs, sur la côte de l'Étrurie ; elle est célèbre par ses belles mines de fer et par ses carrières de marbre.

224. Planasia (Pianosa), au S. O. de l'île d'Elbe. Auguste y relégua son petit-fils Agrippa. — Pontia (Ponza), vis-à-vis la côte du Latium, au S. du promontoire de Circé, où l'empereur Tibère fit périr Drusus Néron, son petit-fils. — Pandataria (Ventotiene), au S. E. de Pontia, célèbre par la mort

de Julie et par celle d'Agrippine, fille et petite-fille d'Auguste.
— Ænaria, appelée aussi *Pithecusa*, et *Inanime* (Ischia), vis-
à-vis Baïes ; elle est sujette à des tremblemens de terre, qui ont
fait dire aux poètes que Typhée, foudroyé par Jupiter, était
étendu sous cette île. Elle était habitée par des Grecs, ainsi
que les deux suivantes. — Prochyta (Procida), entre Inanime
et le continent. — Capreæ (Capri ou Caprée), aussi sur la côte
de la Campanie, au S. E. des précédentes ; célèbre par les dé-
bauches et par la mort de Tibère.

Sur la côte orientale de l'Italie, on ne trouvait que *Diome-
deæ insulæ* (îles de Tremiti), au N. de l'Apulie ; elles tiraient,
disait-on, leur nom de ce que les compagnons de Diomède s'y
retirèrent après la mort de ce prince, qui, trouvant ses États
envahis à son retour de Troie, vint habiter dans la Daunie.

MÆSIA *.

225. Bornes et Divisions. — La Mésie (Servie et
Bulgarie) s'étendait le long de l'*Ister* (Danube), et
avait pour bornes à l'O. l'Illyrie, au S. la Macédoine
et la Thrace, et à l'E. le Pont-Euxin. Elle se divisait,
relativement au cours du Danube, en *Supérieure*, à
l'O., et *Inférieure*, à l'E. Une chaîne de montagnes,
regardée comme une continuation des Alpes, la séparait de l'Illyrie, de la Macédoine et de la Thrace.
Elle prenait les noms de Mont *Scardus* (Monte Argen-
taro), vers l'Illyrie ; *Orbelus*, au N. de la Macédoine ;
et *Hæmus*, au N. de la Thrace jusqu'au Pont-Euxin.
Villes. — Les principales étaient :

226. 1° Dans la Mésie Supérieure, dont la partie la
plus voisine de la Macédoine avait pris le nom de
Dardanie, d'une peuplade que l'on regarde comme
une colonie des Dardaniens de l'Asie Mineure :

Viminacium, sur le Danube, ville considérable.

Singidunum (Belgrade), au confluent de la Save et du
Danube. — Margus (Castolatz), près de l'embouchure de la

rivière du même nom, célèbre par la victoire de Dioclétien sur Carin. — Taliatis (Gradisca), aussi sur le Danube, qui forme aux environs une cascade, au-dessous de laquelle il commençait à porter le nom d'*Ister*. Un peu plus bas se trouvait un pont de Trajan, regardé comme une des merveilles du monde, à cause des difficultés qu'opposaient à sa construction la largeur et la rapidité du fleuve. — Naissus (Nissa), dans l'intérieur; patrie du grand Constantin, premier empereur chrétien.

2.° Dans la Mésie Inférieure :

227. OEscus (Ingigen), sur le Danube. Elle paraît avoir été la principale ville des Triballes, peuple qui résista courageusement à Alexandre le Grand.

Nicopolis ad Istrum (Nicopoli), sur le Danube, bâtie par l'empereur Trajan pour perpétuer le souvenir de ses victoires sur les Daces, et célèbre par celle que Bajazet Ier remporta sur l'armée chrétienne, en 1396.

Sardica (en ruines, près de Sophie), dans l'intérieur : elle devint, après Trajan, une des villes les plus considérables de la Mésie.

Tauresium (Giustendil), au S. E. de Sardique, vers le mont Hémus, patrie de l'empereur Justinien. — Tomi (Tomeswar ou Mankalia), sur le Pont-Euxin; célèbre par l'exil d'Ovide, qui trace un tableau affreux de ce séjour.

On trouvait encore près des embouchures du Danube deux îles, savoir : Peuce, formée par un bras du fleuve, sur lequel Darius jeta un pont pour marcher contre les Scythes.—Achillis ou Leuce (île aux Serpens), vis-à-vis les embouchures du Danube.

THRACIA*.

228. Bornes. — La Thrace (Roumélie) était bornée au N. par la Mésie, à l'O. par la Macédoine, au S. par la mer Égée, l'Hellespont et la Propontide, au

---

* Consultez pour ce pays, et pour les suivans, les cartes Imperium Romanum et Græcia antiqua.

S. E. par le Bosphore de Thrace, et à l'E. par le
Pont-Euxin. Elle était arrosée par l'Hèbre, *Hebrus*
(Maritza), sur les bords duquel le fameux poète
Orphée, Thrace de nation, fut mis en pièces par les
Bacchantes.

229. VILLES PRINCIPALES :

PHILIPPOPOLIS (Philippopoli), au N. ; bâtie par Philippe, sur l'emplacement d'une autre nommée *Tri-
montium*, parce qu'elle renfermait trois collines : il y
plaça les Phocéens sacriléges qui avaient pillé le temple de Delphes ; ce qui lui fit donner le nom de *Po-
neropolis*, la ville des méchans. Elle était située dans
le pays des *Bessi*, le peuple le plus féroce de la Thrace, et chez lequel on trouvait un oracle de Bacchus.

ORESTIAS, appelée ensuite *Hadrianopolis* (Andri-
nople), au S. E. de Philippopolis, près de l'endroit
où l'Hèbre reçoit deux rivières, savoir : *Ardiscus*
(l'Arda), à sa droite, et *Tonsus* (la Tonza), à sa
gauche. Ces deux rivières forment, avec l'Hèbre, les
trois fleuves dans lesquels Oreste se purifia, dit-on,
du meurtre de sa mère. Cette ville se trouvait dans le
pays des Odrysses, l'une des nations les plus puissantes de la Thrace.

PERYNTHUS, ensuite *Heraclea* (Erekli), dont les
Athéniens forcèrent Philippe à lever le siége : elle
était sur la Propontide. A l'E. de cette ville commençait une muraille appelée *Macron Tichos*, le long mur,
dont l'autre extrémité aboutissait à *Dercon*, ville sur
le Pont-Euxin. Elle avait été bâtie, au commencement du sixième siècle, par l'empereur Anastase
pour protéger Constantinople contre les attaques des
barbares.

230. BYSANTIUM, ensuite *Constantinopolis* (Constantinople), à l'entrée méridionale du Bosphore de
Thrace, fondée par une colonie grecque conduite par
Bysas, qui lui donna son nom. Après avoir été une
des villes les plus remarquables de l'empire romain,
elle était devenue presque déserte, lorsque Constantin

la rendit une des premières villes du monde, en y fixant le siége de son empire.

231. ABDÉRA (Solystilo), sur la mer Égée, à l'embouchure du fleuve Nesus, une des plus anciennes et des plus célèbres de la Thrace. Les Abdéritains passaient pour un peuple stupide et grossier; leur ville a cependant donné naissance aux philosophes Démocrite, Protagoras, Anaxarque et autres. Une partie de la côte voisine était habitée par une nation appelée *Bistonides* ou *Bistonii*. — MARONEA (Marogna), sur la mer, à l'E. d'Abdéra, dans le pays des *Cicones*. Le vin que produisait ce pays, et en particulier le mont *Ismarus*, était célèbre par sa force; c'est de ce dernier qu'Ulysse fit boire à Polyphème. On trouvait aussi dans ce pays la plaine de Dorisque, *Doriscus campus*, qui pouvait contenir dix mille hommes, et qui servit, dit-on, à faire le dénombrement de l'armée de Xerxès. — MESEMBRIA (Misevria), sur la mer, au S. E. de Maronée. — TYRIDA, dans l'intérieur. C'est là que l'on place la demeure de ce barbare Diomède, qui nourrissait ses chevaux de chair humaine. — AENOS, au S. E. de l'embouchure de l'Hèbre; elle se glorifiait d'avoir été fondée par Énée. Dans le voisinage était le tombeau de Polydore, fils de Priam, que Polymnestor, roi de Thrace, fit tuer pour s'emparer de ses trésors. — TRAJANOPOLIS (Trajanopoli), sur l'Hèbre, fondée par l'empereur Trajan. — BYSANTHE ou RHAEDESTUS (Rodosto), près de la Propontide, dans la partie de la Thrace qui portait le nom d'Europe, *Europa*. — BYSIA, à quelque distance du Pont-Euxin, capitale du pays appelé *Astique*, habité autrefois par des peuples barbares qui pillaient tous ceux qui faisaient naufrage sur leurs côtes.

232. CHERSONESUS. — Au S. E. de la Thrace, se trouvait la presqu'île appelée *Chersonèse de Thrace*, qui renfermait les villes suivantes :

SESTOS, bâtie à l'endroit le plus resserré de l'Hellespont, presque vis-à-vis Abydos, en Asie, dont elle n'est éloignée que d'environ une lieue et demie. C'était le passage le plus fréquenté de l'Hellespont.

LYSIMACHIA (en ruines près de Boulaïr), à l'entrée

de la Chersonèse ; bâtie par Lysimaque, qui en fit sa capitale, après avoir ruiné

CARDIA, située à l'embouchure du fleuve *Melas*, dans le golfe *Melanes*, vers l'isthme qui joint la Chersonèse au reste de la Thrace. Elle avait donné naissance à Eumène, l'un des successeurs d'Alexandre, et à l'historien grec Hiéronyme. — GALLIPOLIS (Gallipoli), vers l'entrée septentrionale de l'Hellespont, auquel elle donne aujourd'hui son nom.

On trouvait encore dans la Chersonèse le petit fleuve nommé *Ægos Potamos*, fleuve de la Chèvre, qui a son embouchure dans l'Hellespont, près de l'endroit où Lysandre, général lacédémonien, remporta sur la flotte athénienne une victoire qui mit fin à la guerre du Péloponèse.

233. ILES. — Celles qui dépendaient de la Thrace étaient au nombre de deux, situées dans la mer Egée; savoir : — SAMOTHRACE (Samandraki), célèbre par les mystères qui y avaient été institués en l'honneur des dieux Cabires *, et patrie d'Aristarque, fameux grammairien, et critique si judicieux, que son nom s'emploie souvent pour désigner un censeur éclairé. — IMBROS, au S. E. de la précédente, peuplée par des Pélasges, et consacrée aussi au culte des dieux Cabires.

MACEDONIA.

234. BORNES ET DIVISIONS. — La Macédoine (Macédoine et Basse-Albanie), prise dans sa plus grande étendue, et telle qu'elle était quand Paul-Émile en fit la conquête, était bornée au N. par la Dardanie, qui fait partie de la Mésie; à l'O. par la mer Adriatique ; au S. par l'Epire, la Thessalie et la mer Egée, et à l'E. par le fleuve *Nestus* (Mesto), qui la sépare de la Thrace. Ce pays renfermait plusieurs petits royaumes indépendans, que Philippe subjugua, et dont il forma un État puissant. Paul-Émile, après sa conquête,

---

* Ces dieux étaient ceux que les Romains appelaient *dieux puissans*, c'est-à-dire, Cérès, Proserpine, Pluton, avec Mercure, qui était comme leur ministre.

partagea la Macédoine en quatre régions : la première,
à l'E., vers la Thrace ; la seconde, à l'O. de la première ; la troisième, à l'O. de la seconde, et la quatrième, sur la mer Adriatique. Nous suivrons cette
division, en nommant les villes de ce pays.

235. MONTAGNES, FLEUVES ET VILLES REMARQUABLES.
— On trouvait dans la Macédoine plusieurs montagnes remarquables, savoir : *Pangeus mons*, le mont
Pangée (monts Castagnats), qui renfermait des mines
d'or et d'argent exploitées par Philippe, et le mont
Athos (Monte-Santo), dans la presqu'île qui porte
son nom ; il tire son nom moderne des couvens grecs
qui le couvrent. Ses principales rivières étaient le
Strymon (Iemboli), et l'*Axius* (Vardari). Elle avait
pour villes principales :

236. 1° Dans la première région, comprise entre le
Nestus et le Strymon :

PHILIPPI, Philippes (en ruines), au centre ; ainsi
nommée de Philippe, père d'Alexandre le Grand,
qui la fortifia. Elle est célèbre dans l'histoire par la
bataille où Brutus et Cassius, les derniers défenseurs
de la liberté romaine, furent défaits par Antoine
et Octave, surnommé depuis *Auguste*. Une des épîtres de saint Paul est adressée à ses habitans, auxquels il prêcha l'Évangile, l'an 52 de J.-C.

Dans cette partie de la Macédoine habitaient les
Bisaltes, peuple renommé par sa valeur.

AMPHIPOLIS, appelée d'abord *Novem Viæ* (Ieni-Keui), sur
le Strymon, ville forte sous Philippe : elle était aussi nommée
Chrysopolis, à cause des mines d'or qui étaient aux environs.
C'est la patrie de Pamphile, peintre célèbre, maître d'Apelle,
et fondateur de la fameuse école de peinture de Sicyone.

237. 2° La seconde région était comprise entre le
Strymon et l'Axius, et renfermait au S. la presqu'île
Chalcidique, formée par le golfe Strymonique, à l'E.,
et le golfe Thermaïque, à l'O. ; elle avait pour villes
principales :

4*

OLYNTHUS, Olynthe, détruite, au fond du golfe *To-ronaïque* (golfe de Cassandre). Ce fut la prise et la destruction de cette ville par Philippe, père d'Alexandre, qui donna lieu aux *Olynthiennes* de Démosthènes.

THESSALONICA, anciennement *Therma* (Salonique ou Saloniki), au fond du golfe Thermaïque. Cette ville fut puissante sous les Romains. Deux des épîtres de saint Paul sont adressées à ses habitans.

STAGYRA, Stagyre (Libanova), sur la côte occidentale du golfe Strymonique, patrie d'Aristote, célèbre philosophe, qui fut le précepteur d'Alexandre.

TORONE (Toron), sur le golfe auquel elle donnait son nom. — POTIDEA (Potidée), à l'entrée de la presqu'île de *Pallène :* elle eut à soutenir un siège de trois ans contre les Athéniens. — CHALCIS, qui donnait son nom à la presqu'île *Chalcidique.* — APOLLONIA MYGDONIÆ (Bolina), dans la *Mygdonie*, l'une des plus grandes provinces de la Macédoine, située au N. de la presqu'île Chalcidique, et conquise sur la Thrace par les prédécesseurs d'Alexandre.

238. 3° Dans la troisième région, qui s'étendait au N. de la Thessalie, depuis l'Axius et le golfe Thermaïque, à l'E., jusqu'aux montagnes qui la séparent à l'O. de la quatrième région, on trouvait :

EDESSA ou ÆGEA (Edissa), dans la province nommée *Emathie*, la plus ancienne de la Macédoine, et celle qui renfermait les villes les plus illustres. Edesse fut la capitale de tout le royaume jusqu'à Philippe, qui en transporta le siége à Pella. Edesse continua cependant à être le lieu de la sépulture des rois.

PELLA (Palatia), au S. E. d'Edesse, sur les bords d'un lac; célèbre par la naissance d'Alexandre le Grand. Elle fut la capitale de la Macédoine jusqu'à la réduction de ce pays en province romaine.

MÉTHONE, au siége de laquelle Philippe fut blessé d'une flèche lancée du haut des murailles, et sur laquelle était écrit : *Aster, à l'œil droit de Philippe*. — DIUN (Standia), au S., où Alexandre fit élever des statues de bronze, ouvrage du fameux sculpteur Lysippe, à ceux des soldats de sa garde qui avaient péri à la bataille du Granique. Ces deux villes étaient dans la province appelée *Piérie*, qui confinait à la Thessalie.

239. 4° La quatrième région, située au N. de l'Épire, entre la troisième région, à l'E., et la mer Adriatique, à l'O., faisait partie de l'Illyrie, et portait même le nom d'*Illyris Græca*, parce que plusieurs colonies grecques étaient venues s'y établir. Elle fut attribuée par les Romains à la Macédoine, et prit dans la suite le nom d'Albanie, qu'elle conserve encore aujourd'hui. Ses villes principales étaient :

DYRRACHIUM, auparavant *Epidamnus* (Durazzo), sur la mer Adriatique, fondée par les Corcyriens. Cicéron y passa dix mois en exil.

Au N. de Dyrrachium était le *Nymphæum promontorium*, dans le voisinage duquel était une plaine d'où l'on voyait souvent s'élever des flammes qui ne nuisaient en rien à la végétation. Au S. E. était le village appelé *Petra*, près duquel Pompée, assiégé par César, sut lui échapper. — APOLLONIA (Bolina), près du fleuve *Aoüs* (Voïoussa). Octave y était occupé à étudier les belles-lettres lorsqu'il apprit la mort de Jules César. — AULON (Avlona), sur un petit golfe qui forme un port, où l'on s'embarquait ordinairement pour passer de la Grèce en Italie. — ALBANOPOLIS (Albasan), dans l'intérieur, sur le fleuve *Genusus* (Scombi). — LYCHNIDUS (Ochrida), près d'un lac d'où sort le *Drilo* (Drin).

240. ILE.—A peu de distance de la côte méridionale de la première région se trouvait, dans la mer Égée, l'île de *Thasos* (Tasso), qui renfermait des mines d'or et d'argent, et des carrières d'un marbre très-fin. Elle était aussi très-fertile en grains et en excellens vins. C'est la patrie du peintre Polygnote.

EPIRUS.

241. BORNES ET VILLES PRINCIPALES.—L'Épire (Haute-Albanie), dont le nom signifie *continent*, par opposition à l'île de Corcyre, qui est située vis-à-vis, avait au N. l'Illyrie, à l'O. la mer Adriatique et la mer

Ionienne, au S. le golfe d'Ambracie (golfe de l'Arta) et l'Étolie, et à l'E. le Pinde, qui la séparait de la Thessalie. Elle renfermait plusieurs peuples indépendans, qui furent tous réunis sous le gouvernement de Pyrrhus. Ses villes principales étaient :

242. 1° Dans la Chaonie (la Canina), province la plus septentrionale de l'Épire, traversée par les monts *Acroceraunii* (mont de la Chimère) :—Onicum (Orico), au fond d'un golfe formé par la mer Ionienne. — Chimera (Chimera), au S. E. d'Oricum.

2° Dans la Thesprotie, vis-à-vis l'île de Corcyre :—Buthrotum (Butrinto), fondée par Hélénus, fils de Priam, qui y reçut Énée, lorsqu'il se rendait en Italie. — Nicopolis, ou la *ville de la Victoire* (Prevesa), sur le golfe d'Ambracie, bâtie par Auguste, en mémoire de la bataille d'Actium.—C'est dans cette partie de l'Épire que coulait l'Achéron, qui se réunit au Cocyte. Au N. E. se trouvait l'*Acherusia Palus*, dans une des îles duquel Thésée fut retenu prisonnier par un des rois du pays, Aïdonée, dont il avait voulu enlever la femme; ce qui donna lieu à la fable qui fait descendre ce héros aux enfers pour enlever Proserpine.

243. 3° Dans le pays des Molosses, le peuple le plus puissant de l'Épire, qui habitait les plaines de Janina, au S. E., vers la Thessalie :

Ambracia, sur le fleuve *Arethon* (Arta), à une lieue de son embouchure dans le golfe auquel cette ville donnait son nom (golfe de l'Arta); ancienne capitale des États de Pyrrhus.

Passaro (Passaron), qui paraît avoir été la capitale des Molosses.

Dodone (Proskinisis, près de Gardiki), fameuse par sa forêt consacrée à Jupiter, et dont les chênes rendaient des oracles. Cet oracle passait pour le plus ancien de toute la Grèce.

GRÆCIA.

244. Bornes et Divisions. — La Grèce (Janina,

Livadie et Morée), dans laquelle nous ne comprenons pas ici les pays voisins qu'on a ensuite désignés sous le même nom, et que nous venons de décrire, avait pour bornes, au N. la Macédoine et l'Épire; à l'O. la mer d'Ionie; au S. la mer de Crète, et à l'E. la mer Égée. Elle se divisait naturellement en trois parties, savoir : la *Grèce propre*, le *Péloponèse*, et les *Iles*.

GRÆCIA PROPRIÈ DICTA.

245. POSITION ET DIVISIONS. — La Grèce propre, qui occupait tout le N. de la Grèce jusqu'aux golfes de Corinthe et d'Egine, renfermait six pays principaux, savoir : la *Thessalie*, l'*Acarnanie*, l'*Étolie*, la *Phocide*, la *Béotie*, et l'*Attique*.

246. MONTAGNES. — On trouvait dans ce pays plusieurs montagnes remarquables, telles que l'Olympe, *Olympus*, où les poètes plaçaient la demeure des dieux; l'*Ossa* (Kissabo), au pied duquel était la fameuse vallée de Tempé, si souvent chantée par les poètes; le *Pélion*, célèbre dans la fable, ainsi que les deux précédentes, par le combat des géans : il forme, en s'avançant dans la mer Egée, un cap appelé autrefois *Sepias* (Saint-Georges), près duquel une partie de la flotte de Xerxès fut brisée par une tempête; le Pinde, *Pindus*, consacré aux Muses; l'*OEta*, qui sépare au S. la Thessalie de la Phocide, et fameux dans la fable par la mort d'Hercule, qui se brûla sur l'un de ses sommets. C'est aussi entre l'une des croupes les plus élevées de cette montagne et la mer, que se trouvait le fameux passage des *Thermopyles* * (Bocca di Lupo), défendu par Léonidas, avec trois cents Spartiates, contre l'innombrable armée des Perses; *Parnassus*, le Parnasse, sur le double

---

* Le nom de *Thermopyles*, qui signifie *portes chaudes*, avait sans doute été donné à ce défilé parce qu'il s'y trouvait des sources chaudes d'eaux minérales.

sommet duquel les poètes placent le séjour d'Apollon et des Muses, et d'où découlait la fontaine de Castalie, *Castalius fons,* dont les eaux, selon les poètes, avaient la vertu de produire l'enthousiasme poétique ; l'*Hélicon,* consacré aux Muses, ainsi que les fontaines *Aganippe* et *Hippocrène,* et le petit fleuve Permesse, *Permessus,* qui en découlaient ; le *Libethrius,* d'où ces déesses étaient appelées *Libéthrides ;* le *Cithéron,* célèbre par la fin tragique d'OEdipe ; le Pentélique, *Pentelicus,* fameux par le beau marbre qu'on en tirait ; l'Hymette, *Hymettus,* dont les abeilles produisent d'excellent miel ; le *Laurium,* qui renfermait d'abondantes mines d'argent.

247. Rivières. — Les plus remarquables étaient : *Peneus,* le Pénée (Salembria), qui arrosait la délicieuse vallée de Tempé ; l'*Acheloüs* (Aspropotamo), célèbre dans la mythologie par son combat contre Hercule ; l'*Evenus* (Fidari), sur les bords duquel ce même héros tua le centaure Nessus.

248. 1. Thessalia. — La Thessalie (Janina), au N. E. de la Grèce et entourée de montagnes, fut longtemps habitée par les Doriens, et peut être regardée comme le berceau de la nation grecque. Ses villes principales étaient :

249. Larissa, qui conserve son nom, sur le Pénée, l'une des villes les plus considérables de la Thessalie, et célèbre pour avoir été la demeure d'Achille. Elle se trouvait dans le canton appelé Pélasgiotide, *Pelasgiotis,* nom qu'il tirait des Pélasges, ses plus anciens habitans, qui se répandirent de là dans plusieurs parties de la Grèce.

C'est aussi dans ce canton, sur les bords du Pénée, qu'avaient habité les *Centaures,* qui étaient si bons cavaliers, que la fable les peint moitié hommes et moitié chevaux. Ils furent chassés du pays par les *Lapithes,* leurs voisins, et exterminés totalement par Hercule. On trouvait encore dans la même contrée les collines nommées : Cynos Cephalæ, au S. E., fameuses par la victoire de Flaminius sur Philippe II, roi de

Macédoine. — Tricca (Tricala), à l'O., sur le Pénée, regardée par quelques auteurs comme la patrie d'Esculape,
dieu de la médecine. — Gomphi (Janina), mise au pillage
par César.

250. Pheræ (Velestina), au S. E. de Larissa; elle
était, dit-on, la demeure d'Admète, dont Apollon
garda les troupeaux sur les bords de l'Amphryse, *Am-
phrysus*, qui coulait au S. de cette ville, et portait
ses eaux dans le golfe Pélasgique.

Pharsalus, Pharsale (Farsa), près de l'Enipée, dans
la Thessalie propre, célèbre par la bataille gagnée
par César sur Pompée, l'an de Rome 704, et qui décida du sort de la république romaine.

Demetrias, en ruines, sur le golfe Pélasgique, bâtie par
Démétrius Poliorcète, et long-temps le port principal des
Macédoniens. — Pagasæ (Volo), au nord du golfe Pélasgique,
nommé aussi golfe Pagasétique. C'est dans cette ville que fut
fabriqué le navire Argo. — Iolchos (Goritza), au N. E. du
même golfe, patrie de Jason, et port d'où partirent les Argonautes pour aller en Colchide à la conquête de la toison d'or.
— Anticyra, Anticyre, au nord de l'embouchure du Sperchius
dans le golfe *Maliaque* (golfe de Zeitoun), où se trouvait une
île nommée aussi Anticyre. Une troisième Anticyre se trouvait en Phocide, et toutes trois produisaient l'*ellébore*, dont
on se servait principalement pour purger les fous. — Lamia
(Zeitoun), au N. O. d'Anticyre, près du golfe Maliaque,
fameuse par la bataille qui se livra dans son voisinage, après
la mort d'Alexandre, entre Antipater, gouverneur de Macédoine, et les Grecs. Cette guerre a pris de là le nom de *guerre
Lamiaque*. — Au S. de la Thessalie, vers l'Épire et l'Étolie,
habitaient les Dolopes, peuple célèbre du temps du siége de
Troie.

251. II. Acarnania. — L'Acarnanie, au S. de l'Épire
et du golfe d'Ambracie (golfe de l'Arta), avait pour
villes principales :

252. Stratos, en ruines, près d'un gué de l'Aché-
loüs; la plus grande et la plus forte ville de l'Acarnanie, pendant la guerre des Romains contre Persée.

Actium (Azio), fondée par Auguste, près du promontoire du même nom (Punta de la Civola), qui s'avance dans le golfe d'Ambracie, où se livra entre Octave et Antoine la fameuse bataille navale qui rendit le premier maître du monde, l'an de Rome 723, avant J.-C. 31.

Calydon (en ruines, sous le nom d'Hebræo Castro), au S., près de la forêt où Méléagre tua le monstrueux sanglier qu'Atalante avait blessé.

253. III. Ætolia.—L'Étolie, à l'E. de l'Acarnanie, avait pour villes principales :

254. Thermus (en ruines, près de Vrachori), au centre de l'Etolie, dont elle était la capitale.

255. IV. Phocis.—La Phocide, à l'E. de l'Étolie, renfermait les *Locrides* et la *Doride*, et avait pour villes principales :

256. I. Dans la Phocide proprement dite :

Pytho ou Delphi, Delphes (Castri, en ruines), bâtie à mi-côte du Parnasse ; elle renfermait le temple d'Apollon, où se rendaient les fameux oracles : à peu de distance se voyait *le chemin qui fourche,* où OEdipe tua son père Laïus.

Cyrrha ou Crissa, regardée comme le port et l'arsenal de Delphes ; elle donnait son nom à une partie du golfe de Corinthe, *Crisseus sinus* (baie de Salène). — Anticyra, dont nous avons parlé, sur le golfe de Corinthe.

257. II. Dans les Locrides, divisées en trois parties, savoir : 1° Le pays des *Locriens Ozoles*, le long du golfe de Corinthe, où se trouvaient Naupactus (Lépante), sur le golfe de Corinthe ; Amphissa (Salona), près de Delphes. — 2° Le pays des *Locriens Épicnémidiens*, au pied du mont Cnémis, et dont la principale ville était : Thronium, sur un petit fleuve appelé *Boagrius*. — 3° Le pays des *Locriens Opontiens*, le long du golfe d'Oponte, qui tirait son nom de la capitale du pays nommée Opus, Oponte, à peu de distance de la mer, et patrie de Patrocle, ami d'Achille, tué par Hector au siége de Troie.

258. III. Dans la Doride, petit pays situé au N. des Lo-

criens Ozoles, vers le mont Œta, se trouvaient les quatre petites villes de PINDUS, ERINEUS, BOIUM et CYTINIUM, qui avaient fait donner à ce canton le nom de *Tetrapolis*.

259. V. BOEOTIA. — La Béotie, au S. E. de la Phocide, renfermait le lac *Copaïs* (le lac Topolias ou de Livadie), dont les eaux stagnantes rendaient l'air épais et brumeux ; ce qui, disait-on, contribuait à rendre les Béotiens lourds et grossiers. Il s'est pourtant rencontré parmi eux plusieurs grands hommes. Ses villes remarquables étaient :

260. THEBÆ (Thèbes ou Thiva), fondée par le Phénicien Cadmus, qui bâtit la citadelle appelée *Cadmeia*. Amphion, selon la fable, éleva les murailles de la ville au son de sa lyre. Elle fut prise et rasée par Alexandre le Grand, qui fit respecter la maison où était né Pindare ; car cette ville était sa patrie, et aussi celle d'Epaminondas et de Pélopidas.

CHERONEA, Chéronée (Caprena ou Capournia), au N. O. de Thèbes ; patrie de Plutarque. Philippe, père d'Alexandre, y remporta sur les Athéniens et les Thébains la célèbre victoire qui asservit la Grèce.

ORCHOMENUS, Orchomène (Skripou), au N. O. du lac Copaïs, l'une des villes les plus illustres et les plus opulentes de la Grèce ; on y trouvait la fontaine Acidalie, *Acidalius fons*, consacrée à Vénus, et le tombeau d'Hésiode. Ce fut dans ses plaines que Sylla défit Archélaüs, l'un des généraux de Mithridate.

AULIS (Vathi), au N. E. de Thèbes, sur l'Euripe, en face de l'île d'Eubée, avec un port, d'où les Grecs partirent pour le siége de Troie. Ce fut là qu'Agamemnon immola sa fille Iphigénie pour obtenir un vent favorable.

261. PLATEÆ, Platées (Cocla), au S. O., sur l'Asopus, célèbre par la destruction complète de l'armée des Perses, commandée par Mardonius. Elle fut ruinée par les Thébains cinquante ans après.

LEUCTRA, Leuctres (Parapongia), à l'O. de Platée, bourgade fameuse par la victoire qu'Épaminondas, général des Thébains, y remporta sur les Lacédémoniens.

LEBADEA (Livadie), à l'O. de Chéronée, célèbre par l'oracle et l'antre de *Trophonius.*

THESPIÆ, Thespies (près d'Erimo Castron), au S. O. de Thèbes, où l'on voyait une statue admirable de Praxitèle, représentant Cupidon. Près de cette ville était la fontaine de Narcisse , *Narcissi fons* , célèbre par l'aventure du jeune homme de ce nom. — ASCRA (Neo - Chorio), petit bourg au pied de l'Hélicon, où fut élevé Hésiode, appelé de là le vieillard d'Ascra. Quelques-uns veulent qu'il y soit né. — TANAGRA (Graïmada), au S. E. de Thèbes ; on y voyait le tombeau de Corinne, qui remporta sur Pindare le prix de la poésie, et qui fut surnommée la *dixième Muse.* Le territoire de cette ville et de celle d'*Orope* (Ropo), qui en est voisine, fut souvent un sujet de contestation entre les Béotiens et les Athéniens.

262. VI. ATTICA. — L'Attique, au S. E. de la Béotie, renfermait à l'O. la Mégaride, qui s'étendait jusqu'au golfe et à l'isthme de Corinthe. Elle se divisait en trois parties : la *Diacrie* , ou la région Montagneuse ; le *Pédion*, ou la plaine ; et la *Paralie* , ou le rivage, subdivisées en un certain nombre de cantons appelés *Démes.* La population de cette fameuse république n'excédait pas deux cent mille individus , dont cent mille esclaves. Ses villes les plus remarquables étaient :

263. 1° Dans l'Attique :

ATHENÆ (Sétines ou Athéni), vers l'O., capitale, fondée par Cécrops, originaire d'Egypte, environ quinze siècles et demi avant J.-C. ; au pied des monts Pentélique et Hymette, et entre les deux ruisseaux nommés *Cephissus* et *Ilissus*, qui coulent au N. et au S. de la ville. La partie la plus élevée se nommait *Acropolis*, et renfermait le fameux temple de Minerve ou *Parthénon*, bâti sous Périclès. La ville était jointe par deux longs murs à la mer, sur laquelle elle avait trois ports : le *Pirée* (port Lion), qui était le principal, *Munichie* et *Phalère* (Porto), où était né Démétrius , surnommé *de Phalère*. Hors d'Athènes étaient les jardins de l'Académie , du Cynosarge et du Lycée , destinés à l'exercice des jeunes gens ou à la promenade.

MARATHON , qui a conservé son nom , au N. E. d'Athènes, illustrée par la victoire que 10,000 Athéniens, commandés par Miltiade , y remportèrent sur plus de 100,000 Perses, l'an 390 avant J.-C.

ELEUSIS (Lepsina), au N. O. d'Athènes, fort célèbre par la fête qui s'y célébrait en l'honneur de Cérès et de Proserpine. On allait s'y faire initier aux mystères. Le chemin qui conduisait d'Athènes à cette ville s'appelait la *Voie sacrée*.

DECELIA, au N. E. d'Athènes, vers les sources du Céphissus. — PHYLE et AENOE, forteresses qui défendaient l'entrée de l'Attique, du côté de la Mégaride et de la Béotie. — ANAPHLYSTOS, autre forteresse. — SUNIUM, bourg près du cap de ce nom (cap Colonna), qui terminait l'Attique, au S.

264. 2° Dans la Mégaride :

MEGARA, Mégare (Megra), à peu de distance du golfe Saronique, capitale de la Mégaride, qui forma long-temps un État indépendant occupé par les Doriens. Elle fut la patrie du poète Théognis et des philosophes Euclide et Stilpon.

NYSÆA , sur le bord de la mer, était le port de Mégare. Près de là étaient les roches *Scironiennes*, ainsi nommées d'un brigand appelé Sciron, qui précipitait les voyageurs dans la mer. Ces rochers sont encore appelés *Kaki-Scala*, la mauvaise échelle , ou le mauvais chemin.

PELOPONESUS.

265. NOM ET DIVISIONS. — On avait donné le nom de *Péloponèse*, qui signifie *île de Pélops*, à cette grande presqu'île réunie au reste de la Grèce par l'isthme de Corinthe, et nommée aujourd'hui *Morée*, à cause des mûriers qui y croissent en abondance. Il renfermait six États principaux, savoir : l'*Achaïe*,

l'*Élide*, l'*Arcadie*, l'*Argolide*, la *Messénie*, et la *Laconie*.

266. MONTAGNES. — Parmi les montagnes du Péloponèse, situées surtout dans l'Arcadie, nous remarquerons *Erymanthus*, l'Erymanthe, dans les forêts duquel Hercule tua le fameux sanglier ; le *Cyllène*, où la fable fait naître Mercure ; *Mœnalus*, le Ménale, consacré à Pan et aux bergers, et célèbre par la biche aux pieds d'airain, qu'Hercule seul put atteindre ; *Lycœus*, le Lycée, où Pan, Apollon et Jupiter avaient chacun un temple ; *Taygetus* ou *Taygeta*, le Taygète (Panta Dactylon), consacré à Castor et Pollux ; chaîne dont l'extrémité méridionale forme le promontoire de Ténare, *Tenarium promontorium* (cap Matapan), où se trouvait une caverne si obscure et si profonde, que les poètes l'ont prise pour un soupirail des enfers : c'était par là, à ce qu'ils prétendaient, qu'Hercule était descendu pour tirer Cerbère du royaume de Pluton.

267. RIVIÈRES. — Les plus remarquables étaient : L'*Asopus* ; le *Styx*, dont les poètes ont fait un fleuve des enfers ; ses eaux, extrêmement froides, et si corrosives, qu'aucun vase ne pouvait les contenir, à moins qu'il ne fût de corne de cheval, étaient, selon les anciens, mortelles aux hommes et aux animaux ; *Alphœus*, l'Alphée (Orphea ou Rouphia) ; *Eurotas* (le Vasili-Potamo), où les jeunes Spartiates trouvaient de superbes roseaux dont ils faisaient leurs lits, et où les Lacédémoniens plongeaient leurs enfans pour fortifier leur tempérament ; l'*Inachus*, ainsi nommé du premier roi d'Argos.

268. I. ACHAÏA. — L'Achaïe (partie septentrionale de la Morée) occupait tout le N. du Péloponèse, et comprenait trois petits pays qui sont de l'O. à l'E. : l'*Achaïe* proprement dite, la *Sicyonie*, et la *Corinthie*, dont les villes les plus remarquables étaient :

269. 1° Dans l'Achaïe proprement dite : ÆGIUM (près de Vostitza), ville maritime, près de

laquelle était un bois consacré à Jupiter, où se tinrent pendant quelque temps les états-généraux de l'Achaïe. C'est dans cette ville que mourut Aratus, chef de la ligue Achéenne.

Patræ (Patras), sur le golfe de Corinthe, à l'O. d'AEgium. Elle fut repeuplée par Auguste, qui y envoya une colonie romaine. — Dyme, c'est-à-dire l'Occidentale, nom qu'elle tirait de sa position à l'O. Elle est aujourd'hui détruite.

270. 2° Dans la Sicyonie, à l'E. de l'Achaïe propre :

Sicyon, Sicyone (Vasilica), à peu de distance du golfe de Corinthe, célèbre pour avoir été la capitale du plus ancien royaume de la Grèce; ses écoles de peinture et de sculpture avaient une grande réputation, et produisirent les sculpteurs Polyclète et Lysippe, et les peintres Pausias et Timanthe. Cette ville vit encore naître Aratus, l'un des plus grands capitaines de l'antiquité.

Phlius, Phlionte (en ruines, près de Saint-Georges), au S.; elle formait un État indépendant, et montra beaucoup d'attachement pour les Lacédémoniens.

271. 3° Dans la Corinthie, située en grande partie sur l'isthme :

Corinthus (Corinthe), sur l'isthme, avec deux ports, l'un nommé Léchée, *Lechæum*, sur le golfe de Corinthe; l'autre nommé Cenchrées, *Cenchreæ*, sur le golfe Saronique. Sa citadelle, nommée *Acro-Corinthus*, était placée sur une montagne élevée d'où sortait la fontaine de *Pirène*, *Pirene fons*, consacrée aux Muses. Cette ville fut détruite, l'an 146 avant J.-C., par le consul Mummius, qui fit transporter à Rome les nombreux monumens des arts qui y étaient rassemblés. Jules César la rétablit, et y envoya une colonie romaine. L'isthme de Corinthe est célèbre par les jeux nommés *Isthmiques*, qui s'y célébraient, tous les quatre ans, en l'honneur de Neptune.

272. II. Elis. — L'Élide, au N. O. du Péloponèse, comprenait au S. la *Triphylie*, pays très-montagneux; elle avait pour villes principales :

273. 1° Dans l'Élide proprement dite :

Elis (Palæopolis), sur le petit fleuve du Pénée ; capitale de l'Élide, et l'une des plus considérables du Péloponèse, avec un port nommé *Cyllène* (Chiarentza). Les habitans de cette ville jouissaient du droit de présider aux jeux olympiques. C'est la patrie de Pyrrhon, chef de la secte des philosophes sceptiques ou Pyrrhoniens, qui faisaient profession de douter de tout.

Pisa, Pise, détruite ; elle était située sur la rive gauche de l'Alphée, et fut saccagée par les Éléens. C'est à tort que l'on appelle souvent aussi cette ville *Olympia*, Olympie : ce dernier nom était celui d'un territoire situé dans le voisinage (près de Longonico), et consacré à Jupiter Olympien, qui y avait un temple magnifique et une statue de soixante pieds de haut, chef-d'œuvre de Phidias. Les jeux olympiques, qui s'y célébraient tous les quatre ans, attiraient une multitude innombrable de spectateurs.

2° Dans la Triphylie : — Scillus, Scillonte, village donné par les Lacédémoniens à Xénophon, alors banni d'Athènes : ce fut là qu'il écrivit son histoire. — Lepræum, petite ville, près de l'*Anigrus* (Mavro Potamo), rivière qu'Hercule fit, dit-on, passer par les écuries d'Augias pour les nettoyer.

274. III. Arcadia. — L'Arcadie, au centre du Péloponèse, était un pays très-montueux, habité par un peuple qui avait des mœurs très-simples, et s'adonnait à la vie pastorale et à la musique. Ses villes les plus remarquables étaient :

Megalopolis ou la grande Ville (près de Sinano), fondée par le conseil d'Epaminondas, pour servir de boulevard au reste de la Grèce contre les Lacédémoniens. Elle a donné le jour à Philopœmen, célèbre général, qui a été appelé le *dernier des Grecs*, et à l'historien Polybe.

Mantinea, Mantinée (Goritza), célèbre par la victoire qu'y remporta Epaminondas, 370 ans avant

J.-C. , sur les Lacédémoniens et les Athéniens réunis, et qui lui coûta la vie ; une autre bataille y fut gagnée par Philopœmen, 155 ans après, sur Machanidas, tyran de Sparte.

275. Pheneos (Phonia), au N. E., consacrée à Mercure. A peu de distance se trouvait le lac Stymphale (lac Zaraca), où Hercule détruisit des oiseaux monstrueux qui se nourrissaient de chair humaine.— Psophis (Palæo Episcopi), au S. O. de Pheneos, ville assez considérable. — Tegea, au S. E. On y trouvait un fameux temple de Minerve, qui était un asile inviolable pour tous les criminels de la Grèce. Pausanias s'y réfugia et y mourut de faim. Cette ville était une des principales de l'Arcadie. — Caryæ, qui, s'étant liguée avec les Perses contre les Grecs, fut prise par ces derniers, qui passèrent au fil de l'épée tous les citoyens, et réduisirent en esclavage les femmes et les filles, qu'ils représentèrent dans leurs monumens par ces figures nommées *caryatides*, placées en forme de colonnes pour soutenir l'édifice ; image de leur dure servitude.

276. IV. Argolis. — L'Argolide, au N. E. du Péloponèse, comprenait, outre le royaume d'Argos, celui de *Mycènes*, l'*Epidaurie*, la *Trézénie*, et l'*Hermionide*, dont les villes principales étaient :

277. Argos (Argos), sur l'Inachus, capitale du royaume de son nom, et de toute l'Argolide, et l'une des villes les plus célèbres du Péloponèse, déjà puissante au temps de la guerre de Troie ; elle est surnommée par Homère *Hippobotos*, c'est-à-dire qui nourrit des chevaux. Elle avait une citadelle très-forte appelée *Larissa*, et pour port *Nauplia* (Napoli de Romanie). Argos vit naître Télésille, femme poète, qui défendit sa patrie contre les Lacédémoniens. Une autre femme d'Argos tua Pyrrhus, roi d'Epire, au moment où il entrait dans cette ville.

Mycenæ (près de Carvathi), au N. E. d'Argos, capitale des États d'Agamemnon, fondée par Persée. Au N. de cette ville se trouvaient le village de Némée (les Colonnes), et la forêt du même nom, où Hercule tua le lion dont il porta depuis la dépouille, et où se célébraient, tous les trois ans, les jeux *Néméens*, en l'honneur de Jupiter.

Le fameux temple de Junon, nommé *Hereum*, se trouvait à peu de distance d'Argos, dans un vallon où les Argiens célébraient, en l'honneur de cette déesse, les jeux appelés *Héréens*.

Au S. de cette même ville était le lac de Lerne, *Lerna Lacus* (lac Molini), célèbre par l'hydre qu'Hercule y tua.

278. Epidaurus, Epidaure (Epitavro, en ruines), au S. E. de Mycènes, sur le golfe Saronique, ville principale de l'Epidaurie, célèbre par un temple d'Esculape, que les Epidauriens prétendaient avoir pris naissance chez eux. Ce temple était à quelque distance de la ville, dans un bois fermé par deux montagnes. On en voit des restes sous le nom d'Hiéro.

Troezen, Trézène (Damala), au S. E. d'Épidaure, près du golfe Saronique; la principale ville de la Trézénie, remarquable par le séjour de Pitthée et par la mort d'Hippolyte, fils de Thésée. — Hermione (près de la ville de Castri), au S. O. de Trézène, sur la mer Égée, la principale ville de l'Hermionide. Sa pourpre passait pour la plus précieuse qu'il y eût au monde.

Au S. de l'Argolide, sur les confins de la Laconie, se trouvait la contrée appelée *Cynurie* ou *canton de Tyrée*, du nom d'une petite ville qui porte aujourd'hui celui d'Astro. Ce pays fut long-temps un objet de contestations entre les Argiens et les Lacédémoniens.

279. V. Messenia. — La Messénie, au S. O. du Péloponèse, avait pour villes principales :

280. Messène, en ruines (Mavra Matia), au centre de la Messénie, dont elle était la capitale, fondée par Epaminondas, qui l'entoura de bonnes murailles, et commandée par le mont *Ithôme*, qui lui servait de forteresse.

Pylos (vieux Navarin ou Zonchio), au S. O. de Mes-

sène, sur la mer Ionienne, au pied du mont Egialée.
Le sage Nestor y avait fait son séjour, et on y montrait sa maison et son tombeau.

Methone (Modon), au S. de Pylos, aussi sur la mer Ionienne.
—Corone (Coron), sur le golfe qui porte aujourd'hui son nom,
à l'E. de Méthone, fondée par Épaminondas. — Stenyclarus
(Nisi, en ruines), au S. E. de Messène, sur le Pamisus, séjour
de Cresphonte.

281. VI. Laconia. — La Laconie, au S. E. du Péloponèse, avait pour villes principales :

282. Lacedæmon ou *Sparta,* Lacédémone ou Sparte,
située sur les bords de l'Eurotas, dans un lieu appelé
aujourd'hui Palæa-Polis ou Palæo-Castro, vieille ville
ou vieux château. De ses ruines, on a bâti, à trois
quarts de lieue à l'O., la ville de Misitra. Sparte est
fameuse pour avoir été la capitale de l'une des plus
illustres républiques de la Grèce. Elle dut sa gloire à
la mâle éducation et au courage de ses citoyens, qui
furent invincibles tant qu'ils suivirent les lois sévè-
res, mais sages, de Lycurgue.

Sellasia, au N. de Sparte, fameuse par la bataille dans
laquelle Cléomène, dernier roi de Sparte, fut défait par Antigone, régent de Macédoine. — Amyclæ, détruite (Sclavo Chorio), sur l'Eurotas, au S. de Sparte, célèbre par un temple
d'Apollon. — Therapne, aussi sur l'Eurotas. La fameuse Hélène
avait été élevée dans cette ville, et y fut enterrée avec Mé-
nélas, son époux. — Gythium (Colokythia), sur le golfe de
Laconie, regardée comme le port et l'arsenal de Sparte. C'est
là que Tolmide, général athénien, brûla les vaisseaux des
Lacédémoniens.—Helos (Tsyli), dans la presqu'île orientale,
sur le golfe de Laconie, à peu de distance de l'embouchure de
l'Eurotas. Elle fut détruite par les Lacédémoniens, qui en
réduisirent tous les habitans au plus dur esclavage sous le nom
d'*Ilotes.*

283. Les îles qui dépendent de la Grèce peuvent se diviser ainsi qu'il suit : *Iles du nord de la mer Égée ; île d'Eubée et autres îles sur la côte orientale de la Grèce ; Cyclades, Sporades, île de Crète et îles de la mer Ionienne.*

284. I. ILES DU NORD DE LA MER ÉGÉE. — On en peut nommer cinq principales, dont les quatre premières, placées vis-à-vis le promontoire *Sepias*, en Thessalie, étaient de l'O. à l'E. :

SCYATHOS (Skiato), renommée par la délicatesse des mulets que l'on pêchait aux environs ; SCOPELOS (Scopelo) ; HALONNESOS (Dromo) ; PEPARETHOS (Pelagnisi), recommandable par ses vins.

La cinquième, placée au S. E. de celles que nous venons de nommer, était SCYROS (Skyro), la plus grande et la plus célèbre des cinq dont nous parlons, avec une capitale du même nom. Elle est célèbre par la mort de Thésée et par le séjour qu'y fit Achille, déguisé en fille, à la cour du roi Lycomède. C'est là qu'habitaient les Dolopes, corsaires qui en furent chassés par Cimon l'Athénien. C'est là enfin que naquit Phérécide, un des plus anciens philosophes de la Grèce, et maître de Pythagore. Il passait pour l'inventeur du cadran solaire.

285. II. ILES SUR LA CÔTE ORIENTALE DE LA GRÈCE. — 1° EUBOEA, l'île d'Eubée (Négrepont), séparée de la Grèce propre par l'Euripe, et dont les habitans sont nommés *Abantes* par Homère, avait pour villes principales :

CHALCIS (Négrepont), sur l'Euripe, en face d'Aulis, qui se trouvait sur le bord opposé, en Béotie. C'était la capitale de l'Eubée, et l'une des plus fortes villes de la Grèce. Aristote y finit ses jours.

OREUS, auparavant ISTIÆA (Orio), au N., au pied du mont *Telethrius*, sur le canal qui séparait, au N. O., l'Eubée de la

Thessalie. C'est le long de ce canal qu'était la côte appelée par les anciens *Artemisium littus*, près de laquelle la flotte de Xerxès fut battue par Thémistocle. — ERETRIA (en ruines, sous le nom de Palæo-Castro), ville maritime, au S. E. de Chalcis, et la seconde de l'Eubée. Elle fut détruite par les Perses, qui en emmenèrent les habitans dans la Susiane.—CArYSTUS (Caristo), ville assez considérable, à cause de son port, au S. de l'île, au pied du mont *Ocha*. On trouvait dans ses environs un marbre fort estimé.

286. 2° HELENA ou *Macris*, l'île Longue (Macronisi), le long de la côte orientale de l'Attique. On prétendait qu'Hélène y était morte en revenant de Troie.

3° SALAMIS, Salamine (Colouri), sur la côte occidentale de l'Attique, au fond du golfe Saronique. C'est là que régnait Télamon, père d'Ajax. Les Athéniens et les Mégariens se disputèrent long-temps cette île, qui demeura enfin aux premiers. Elle est célèbre par le combat naval dans lequel la flotte des Grecs, composée de trois cent quatre – vingts voiles, et commandée par Eurybiade et Thémistocle, détruisit entièrement celle des Perses, forte de douze cents vaisseaux. Salamine est la patrie du poète tragique Euripide.

4° ÆGINA, Égine (Engia), dans le golfe Saronique, au S. de Salamine. Eaque, l'un des juges des enfers, selon les poètes, avait régné dans cette île, qui avait pour capitale une ville du même nom. Les Éginètes étaient fameux par leur marine.

5° HYDREA (Hydra), sur la côte S. E. de l'Argolide.

287. 6° CYTHERA (Cérigo), au S. de la Laconie, avec une capitale du même nom. Cette île était consacrée à Vénus; mais, comme elle n'offre qu'un aspect âpre et pierreux, on dit que cette déesse la quitta bientôt pour se retirer en Chypre. Cythère fut long-temps sous la dépendance des Lacédémoniens, qui y envoyaient un magistrat pour y rendre la justice aux habitans.

288. III. Cyclades Insulæ. — Les Cyclades, groupe d'îles ainsi nommées d'un mot grec qui signifie *cercle*, parce qu'on les croyait rangées en cercle autour de celle de Délos, étaient placées dans la partie méridionale de la mer Egée, entre la Grèce et l'Asie Mineure. Leur nombre était assez considérable; voici quelles étaient les principales :

289. 1° Andros (Andro), au S. E. de l'Eubée et la plus septentrionale des Cyclades, avec une capitale du même nom, où se trouvaient un temple de Bacchus et une fontaine de laquelle coulait du vin un certain jour de l'année. 2° Tenos (Tine), au S. E. d'Andros, consacrée à Neptune. Ce n'est qu'un amas de rochers où l'on découvre quelques endroits fertiles en vin.

3° Delos (Sidili), au S. E. de Tenos, la plus petite et cependant la plus célèbre des Cyclades, parce que l'on croyait que Latone y avait mis au jour Apollon et Diane. Les fêtes que l'on y célébrait tous les ans en l'honneur du dieu, y attiraient tous les peuples de la Grèce. Son oracle était aussi l'un des plus célèbres et des plus fréquentés. La capitale de cette île portait le même nom, et était bâtie au pied du mont *Cynthus,* d'où Apollon tirait son surnom de *Cynthius.* 4° Rhenea : cette île, voisine de Délos, est aussi comprise par les modernes sous le nom de *Sidili,* qu'ils donnent aux deux îles réunies. Celle-ci était le lieu de sépulture des habitans de Délos, qui auraient cru profaner leur île en y enterrant leurs morts. 5° Myconos (Myconi), au N. E. de Délos. C'est là que la fable plaçait les tombeaux des derniers Centaures défaits par Hercule.

6° Naxos (Naxia), au S. E. de Myconos, la plus grande, la plus agréable et la plus fertile des Cyclades, surtout en excellent vin ; aussi était-elle consacrée à Bacchus, qui y avait trouvé Ariadne abandonnée par Thésée. Sa capitale, située sur la côte occidentale, portait le même nom. 7° Amorgos (Amorgo), au S. E. de Naxos, grande île qui renfermait plusieurs villes.

290. 8° Paros (Paro), à l'O. de Naxos. Elle était renommée dans l'antiquité par ses beaux marbres blancs. Sa capitale, qui portait le même nom, passait pour la plus puissante ville des Cyclades. C'est la patrie d'Archiloque, poète satirique, inventeur du vers ïambique. 9° Melos (Milo), au S. O. de Paros; patrie de Diagoras, qui fut assez insensé pour nier l'existence de Dieu. 10° Syphnos (Siphanto), à l'O. de Paros, célèbre autrefois par ses mines d'or et d'argent, dont il ne reste aucune trace, et par les mœurs justement décriées de ses habitans. 11° Seriphos (Serpho ou Serphanto), au N. O. de Syphnos. Ce n'est qu'un rocher dont Persée, disait-on, avait pétrifié les habitans en leur montrant la tête de Méduse. Les Romains en faisaient un lieu d'exil. 12° Syros (Syra), à l'O. de Délos. 13° Cythnos (Thermia), au S. O. de Syros; renommée autrefois pour ses fromages; elle tire son nom moderne de ses sources d'eau chaude.

14° Ceos (Zea), au N. O. de Cythnos, et la plus voisine de l'Attique. On prétend qu'il existait dans cette île une loi qui ordonnait à tous ceux qui parvenaient à l'âge de soixante ans de se faire mourir. Elle renfermait quatre villes, qui formaient autant de républiques particulières. La principale paraît avoir été Julis, située sur une montagne à une lieue de la mer, et dont on trouve encore des ruines magnifiques. C'est la patrie de Simonide, philosophe et poète qui excella surtout dans l'élégie, et de son neveu Bacchylide, poète lyrique.

291. IV. Sporades insulæ. — Celles des Sporades qui appartenaient à la Grèce, les seules dont nous ayons à parler ici, étaient placées au S. des Cyclades, au nombre desquelles elles sont même rangées par quelques géographes. Les principales étaient :

1° Ios (Nio), au S. O. de Naxos ; célèbre par la mort

d'Homère. 2° Thera (Santorin), au S. E. d'Ios. Cette
île, et plusieurs autres petites, qui en sont voisines,
paraissent avoir été formées par un volcan qui existe
encore. Elle était autrefois fertile et puissante, comme
l'atteste le nom de *Calliste*, très-belle, qu'elle portait d'abord ; mais les tremblemens de terre l'ont ren-
due stérile et peu habitée. 3° Astypalæa (Stampalie),
au N. E. de Théra. Elle fut appelée la *table des dieux*,
à cause de sa beauté. Ses habitans révéraient Achille
comme une divinité.

292. V. Creta Insula. — L'île de Crète (Candie)
est fameuse dans l'antiquité par la naissance de Jupiter, qui y fut élevé secrètement sur le mont *Ida*
(Monte Giove) par les *Dactyles* ou *Corybantes*, par
ses cent villes et par son roi Minos, qui régna sur
presque toutes les îles de la mer Egée, et à qui son
gouvernement sage et ses lois équitables valurent
d'être placé par les Grecs dans les enfers avec son
frère Rhadamante et avec Eaque, roi d'Egine, pour
y juger les âmes des morts. Elle avait pour villes
principales :

293. Cnossus, Cnosse, dont on trouve les ruines
près d'un couvent grec appelé Enadiéh. C'était la
ville la plus importante de l'île et la capitale du roi
Minos.

Gortyna, au S. O. de Cnosse, sur un petit fleuve
nommé *Lethæus*, qui se jette dans la mer de Libye.
Cette ville fut très-puissante, et les ruines que l'on
en trouve, près d'un village nommé Novi-Castelli,
prouvent encore quelle a dû être sa magnificence. Il
paraît que c'était près de là qu'était le fameux *laby-
rinthe*, que l'on croit retrouver dans une carrière du
mont Ida.

Cydonia, au N. E. de l'île, près de la côte, l'une
des villes les plus considérables de la Crète, fondée,
dit-on, par les Samiens. Elle avait un port nommé
Minoa, qui pouvait contenir un grand nombre de

vaisseaux. On croit que ce port est aujourd'hui celui de la Canée.

294. VI. Îles de la mer Ionienne.—Ces îles, situées sur la côte occidentale de la Grèce, étaient, en commençant par le S. :

1° Sphacteria ou *Sphagia*, sur la côte de la Messénie, en face de Pylos. Les Athéniens y enfermèrent les meilleures troupes des Lacédémoniens, qui furent obligées de se rendre.

2.° Strophades insulæ, les Strophades (îles de Strivali), petit groupe d'îles au N. O. de Sphactérie, vis-à-vis la côte de la Triphylie. On disait que les Harpies s'y étaient arrêtées.

295. 3° Zacinthus (Zante), au N. des Strophades, sur la côte de l'Elide. Cette île, quoique couverte de forêts, était fertile, et avait une capitale de même nom, sur la côte orientale. Elle paraît avoir fait partie des Etats d'Ulysse.

296. 4° Cephallenia (Cefalonia), au N. de Zacinthe, vis-à-vis l'entrée du golfe de Corinthe. Cette île, qui s'appelait *Same* ou *Samos*, au temps de la guerre de Troie, faisait aussi partie des Etats d'Ulysse. Elle est entrecoupée de montagnes, et avait pour capitale Same, située au fond d'un golfe, vers le centre ; elle fut prise et détruite par le consul Fulvius, qui en vendit les habitans comme esclaves.

5° Ithaca, Ithaque (Theaki), séparée de Céphallénie par un canal assez étroit. Elle est fameuse pour avoir été la patrie et le patrimoine d'Ulysse, qui, outre les îles dont nous venons de parler, possédait encore une partie du continent de l'Acarnanie, et sans doute aussi Echinades insulæ (les îles de Trigardon), situées vis-à-vis l'embouchure du fleuve *Acheloüs*, et parmi lesquelles quelques géographes placent celle de *Dulichium*, que d'autres croient être la même qu'Ithaque. Au S. de ces dernières se trouvent : Oxiæ insulæ (les îles Curzolari).

6° Leucadia ou *Leucas*, auparavant *Neritus* (Sainte-

Maure), au N. d'Ithaque; c'était originairement une presqu'île qui faisait partie de l'Acarnanie. Une colonie de Corinthiens qui vint s'y établir coupa l'isthme et en forma ainsi une île. Sa capitale était : LEUCAS (Sainte-Maure), bâtie par les Corinthiens sur le canal qui séparait l'île du continent, large de cinquante pas, et sur lequel on avait construit un pont de bois. Cette ville, qui devint très-florissante, fut la capitale des Acarnaniens.

A l'extrémité S. O. de l'île se trouvait LEUCATE PROMONTO-RIUM (Capo-Ducato), rocher qui s'avançait dans la mer, et d'où les amans malheureux se précipitaient, afin d'oublier, disait-on, la cause de leurs peines. Cette chute s'appelait le *saut de Leucade*.

297. 7° CORCYRA (Corfou), sur la côte occidentale de l'Épire. Cette île est appelée *île des Phéaciens* par Homère, qui y place les jardins délicieux d'Alcinoüs, qui reçut favorablement Ulysse, lorsqu'il eut fait naufrage sur ses côtes. Elle avait pour capitale : CORCYRA (Corfou), dans une péninsule de la côte orientale. Elle est appelée par Homère la ville des Phéaciens, et elle devint assez puissante pour soutenir des guerres contre des républiques considérables. L'emplacement de Corfou est un peu différent de celui de Corcyre, auquel on donne aujourd'hui le nom de *Palæopoli*, vieille ville. — CASSIOPE était une autre ville maritime plus au N. de l'île.

On trouvait aux environs de Corcyre plusieurs autres petites îles, savoir : — 8° OTHONOS ou CALYPSUS INSULA, au N. de Corcyre. — 9° MATHACE (Samatraki), à l'occident. — 10° PAXÆ INSULÆ (îles de Paxo), au S. E.

ASIA.

—

298. BORNES. — L'Asie était bornée à l'O. par le Tanaïs, le Palus-Méotide, le Bosphore Cimmérien, le Pont-Euxin, le Bosphore de Thrace, la Propontide, l'Hellespont, la mer Egée, la mer Intérieure, le Nil, et le golfe Arabique; au S. par la mer Intérieure et l'Océan Indien. Ses bornes à l'E. et au N. n'étaient pas connues des anciens.

299. DIVISIONS. — L'Asie ancienne renfermait vingt-cinq contrées principales, savoir : l'*Asie Mineure*, la *Syrie*, la *Phénicie*, la *Palestine* et l'*Arabie*, à l'O.; la *Colchide*, l'*Arménie*, la *Mésopotamie*, l'*Assyrie*, la *Babylonie*, la *Médie*, la *Susiane*, la *Perse*, la *Carmanie*, l'*Hyrcanie*, l'*Arie*, la *Drangiane*, l'*Arachosie*, la *Gédrosie*, la *Sogdiane* et la *Bactriane*, au centre; la *Sarmatie* et la *Scythie*, au N.; l'*Inde* et le pays *des Sines*, à l'E.

ASIA MINOR *.

300. BORNES, FLEUVES ET DIVISIONS. — L'ancienne Asie Mineure comprenait toute la presqu'île nommée aujourd'hui Anatolie, bornée à l'E. par l'Euphrate et par le mont Amanus, l'une des branches du Taurus qui la séparait de l'Arménie et de la Syrie. Elle était arrosée par un grand nombre de rivières, dont les principales étaient : l'*Halys* (Kisil-Ermak, ou le fleuve rouge), le plus grand de toute la contrée, célèbre par la défaite de Crésus; *Sangarius* (le Sakaria); *Hermus*

---

* Consultez, pour ce pays et les suivans, les cartes ASIÆ ANTIQUÆ *pars occidentalis* et GRÆCIA.

(le Sarabat), qui roulait des paillettes d'or, et qui
arrosait des plaines extrêmement fertiles ; *Mœander*
(le Meinder), dont les détours sont fameux chez les
poètes, quoique son cours soit moins tortueux que
celui de plusieurs autres rivières. L'Asie Mineure se
composait de douze provinces, dont trois à l'O., qui
sont : la *Mysie*, la *Lydie* et la *Carie*, renfermant la
Troade, et les colonies grecques *Eoliennes*, *Ioniennes*
et *Doriennes*, répandues sur toute la côte de la mer
Egée ; trois au N. : la *Bithynie*, la *Paphlagonie* et le
Pont ; trois au centre : la *Phrygie* avec la *Lycaonie*,
la *Galatie*, la *Cappadoce* ; trois au S. : la *Lycie*, la
Pamphylie, avec la *Pisidie* et l'*Isaurie*, enfin la *Cilicie*. Nous allons les décrire successivement ; nous
parlerons ensuite des îles.

PROVINCES DE L'OUEST.

301. I. MYSIA. — La Mysie (Anatolie), située au
N. O. de l'Asie Mineure, comprenait la Troade à l'O.,
la petite Mysie au N., la grande Mysie au centre,
et l'Eolide au S. Elle était traversée par la chaîne du
mont Ida, fameux dans la mythologie par le jugement
de Pâris. Parmi les fleuves qui l'arrosaient, on remarquait *Rhyndacus* (le Lartacho), sur les bords duquel
l'armée de Mithridate fut taillée en pièces par celle
de Lucullus ; *Granicus*, le Granique (Outsvola), célèbre par la première victoire qu'Alexandre remporta
en Asie sur les Perses ; *Xanthus* ou *Scamander*, le
Xanthe ou Scamandre (le Tumbrech tchaï), et *Simoïs*
(le Mendéré sou), petits ruisseaux de la Troade,
rendus fameux par les poèmes d'Homère. Ses villes
principales étaient :

302. 1° Dans la Troade, qui s'étendait sur la côte
de la mer Egée et de l'Hellespont :

TROJA ou ILIUM, Troie (Bounar-Bachi), détruite
par les Grecs 1270 ans avant J.-C., rebâtie d'abord
plus près du rivage sous le nom d'*Ilium novum* (His-

sardgick), puis à cinq lieues plus au S., sous celui d'*Alexandria Troas* (Eski-stamboul, vieille ville).

Antandros, au S. E. de Troie, sur le golfe d'Adramyttium. C'est de son port que partit, suivant Virgile, la flotte d'Énée; elle conserve aujourd'hui le même nom. — Abydos (Nagara), au N. E. de Troie, sur l'Hellespont, célèbre par l'histoire d'Héro et de Léandre, et par sa belle résistance contre Philippe, père de Persée. — Au N. O. de Troie était le cap Sigée, *Sigœum promontorium* (Igni Hissari), qui formait l'entrée de l'Hellespont, et sur lequel on voyait les tombeaux d'Achille et de Patrocle.

3o3. 2° Dans la petite Mysie, dont une partie, située vis-à-vis de l'île de Cyzique, s'appelait *Dolionis* :

Lampsacus, Lampsaque (Tcherdach), sur l'Hellespont, patrie du philosophe Anaximène, qui la sauva, par un détour ingénieux, de la colère d'Alexandre, dont il avait été le précepteur.

Cyzicus, Cyzique (Zisick), dans une île au S. de la Propontide, aujourd'hui réunie au continent.

3o4. 3° Dans la grande Mysie, qui renfermait au S. O. le pays des Ciliciens, surnommés *Mandacadeni*, qui habitaient autour du golfe d'Adramyttium, et au S. E., l'*Abrettena*, pays consacré à Jupiter :

Pergamus, Pergame (Bergamo), au S. O., près du Caïcus (Girmasti); capitale d'un royaume assez florissant, légué aux Romains par Attale, son dernier roi. Elle est célèbre par un fameux temple d'Esculape, par sa belle bibliothèque, et par la naissance du médecin Galien.

Elæa (Jalea), sur le golfe Elaïtique, regardée comme le port de Pergame. — Lyrnessus, détruite, au N. E.; capitale de la partie S. de la Cilicie, nommée Cilicie Lyrnessienne, et patrie de Briséis, captive d'Achille. — Adramyttium (Edremit), près de l'Événus, qui se jette dans le golfe auquel elle donne son nom. — Thébé, détruite, au N., capitale de la partie N. de la Cilicie, nommée Cilicie Thébaïque. — Scepsis, au N. O., qui possédait de belles bibliothèques.

305. 4° Dans l'Eolide, qui devait son nom à des Eoliens venus de la Grèce :

CUMA ou *Cyme*, Cumes, aujourd'hui détruite, située au fond du golfe qui portait son nom (golfe de Sandarli), fameuse par sa sibylle, la plus célèbre de toutes ; patrie d'Hésiode, qui fut élevé à *Ascra*, en Béotie, et l'une des sept villes qui se disputent l'honneur d'avoir donné naissance à Homère.

306. II. LYDIA.—La Lydie (Anatolie), au S. de la Mysie et de l'Eolide, avait toute sa côte occidentale occupée par les colonies Ioniennes, qui firent donner à cette partie le nom d'*Ionie*. Elle renfermait le mont Mycale, *Mycalus mons* (Samsoun), fameux par le combat naval qui se livra vis-à-vis, et dans lequel la flotte des Grecs défit entièrement celle des Perses, le jour même où leurs troupes de terre défirent Mardonius à Platée : le mont Sipyle, *Sipylus mons*, sur lequel régna Tantale, et où Niobé, selon les poètes, fut changée en rocher ; le mont *Tmolus* (Bouz-dagh, ou Montagne froide), fort élevé et néanmoins fertile en excellens vins et en safran, et sur lequel Apollon, selon Ovide, donna des oreilles d'âne à Midas, roi de Phrygie. Elle était arrosée par *Pactolus*, le Pactole, qui se jette dans l'Hermus, et fameux par le sable d'or qu'il roula dans ses eaux quand Midas s'y fut baigné, et *Caïstrus*, le Caïstre (Carasou), célèbre par ses cygnes. Ses villes principales étaient :

307. 1° Dans l'Ionie :

PHOCÆA, Phocée (Foilleri), sur le golfe de Cumes, dont une colonie fonda Marseille, 600 ans avant J.-C.

SMYRNA (Smyrne ou Ismir), au fond d'un grand golfe qui porte son nom ; patrie du poète bucolique Bion, et la plus belle ville de l'Asie. A peu de distance coulait un petit fleuve nommé *Meles*, sur les bords duquel Homère, disait-on, avait reçu le jour ; d'où lui venait le nom de *Mélésigène*, qu'il porta d'abord.

EPHESUS (Ephèse ou Aia-Solouk), près de l'embouchure du Caïstre, fondée, disait-on, par les Amazones, et long-temps regardée comme la capitale de l'Asie proprement dite ; fameuse par son temple de Diane et par la naissance des peintres Apelle et Parrhasius, du philosophe Héraclite, et du poète lyrique Hipponax.

308. CLAZOMENÆ, Clazomène (Vourla), sur la côte N. d'une grande presqu'île du même nom ; patrie du philosophe Anaxagore. — ERITHRÆ (Eretri), à l'O. de la même presqu'île ; fameuse par sa sibylle. — TEOS (Bodrun), au S. E. de la même presqu'île ; patrie du poète Anacréon et du philosophe Apellicon. — LEBEDOS, ville maritime, aujourd'hui ruinée, où se célébraient tous les ans des jeux en l'honneur de Bacchus. — COLOPHON (Zillé), sur la mer, célèbre par un oracle d'Apollon, et patrie du philosophe Xénophanes et de Mimnerme, poète et musicien. Elle prétendait aussi à l'honneur d'avoir donné naissance à Homère. — PANIONIUM, village près de la côte, avec un bois sacré, où se réunissaient, tous les ans, les députés des douze villes d'Ionie, pour faire des sacrifices en commun. — PRIENE (Samsoun), au S. E. de Panionium, sur une petite rivière qui se jette dans le Méandre, à peu de distance de son embouchure ; patrie de Bias, l'un des sept sages.

309. 2° Dans la Lydie :

MAGNESIA SIPYLI (Magnisa), près du mont Sipylus, d'où l'on tira, dit-on, le premier aimant, appelé de là *magnes*. C'est dans les environs de cette ville que naquit l'historien Pausanias, et qu'Antiochus le Grand fut battu par les Romains.

SARDES (Sart), près du Pactole et du mont Tmolus ; capitale du riche et puissant empire de Crésus.

MAGNESIA (Inébazar). Cette ville, qu'il ne faut pas confondre avec celle que nous venons de nommer, était située sur le Méandre, et fut donnée par un roi de Perse à Thémistocle pour son entretien. — Sur la rive droite de l'Hermus se trouve un grand lac appelé *Gigeus*, près duquel on voit encore les tombeaux des anciens rois de Lydie. Le pays aux environs de ce lac avait pris le nom d'*Hyrcania*, d'une colonie d'Hyrcaniens transplantés par les Perses des bords de la mer Caspienne.

310. III. CARIA. — La Carie (Anatolie), située au

S. de l'Ionie et de la Lydie, comprenait au S. O. la Doride. Elle renfermait le mont *Latmos*, près de Milet, célèbre dans la mythologie, qui rapporte que Diane y venait visiter Endymion. Ses villes les plus remarquables étaient :

311. 1° Dans la Carie :

MILETUS, Milet (Palatcha), à l'entrée du golfe Latmique, célèbre par ses laines, par sa puissance maritime, par son commerce et par ses nombreuses colonies, et patrie de Thalès, l'un des sept sages, d'Anaximandre, qui fit voir à la Grèce les premières cartes géographiques, et du philosophe Anaximène, son disciple.

HALICARNASSUS (Boudroun, château), sur le golfe Céramique, qui tirait son nom de la petite ville de *Ceramus*. Halicarnasse, après avoir fait partie de la Doride, devint la capitale du royaume de Mausole, auquel Artémise, son épouse, fit élever ce superbe mausolée mis au nombre des sept merveilles du monde. Cette ville fut la patrie des historiens Hérodote et Denys, surnommé d'*Halicarnasse*.

IASSUS (Assem Kalassi), au S. E. de Milet, au fond d'un golfe auquel elle donne son nom. — CAUNUS (Quingi), sur le golfe Glaucus, patrie du peintre Protogène ; elle formait une république particulière. L'air y était fort malsain.—ALABANDA (Bouz-dogan), au N. de la Carie, grande ville dont les habitans étaient très-voluptueux. — Près de Milet, sur le cap *Posidium*, était un temple d'Apollon desservi par des prêtres qu'on appelait *branchides*, et qui rendaient des oracles fort révérés dans le pays. On trouve de belles ruines de ce temple dans un endroit nommé Iotan.

312. 2° Dans la Doride, dont les villes, d'abord au nombre de six, furent réduites à cinq, quand Halicarnasse se fut retirée de la confédération :

CNIDOS, Cnide (Porto-Genoveze, port Génois), au fond de la presqu'île formée par le golfe Céramique et le golfe de Doride ; célèbre par la statue de Vénus, ouvrage de Praxitèle. Elle a donné le jour à Ctésias, médecin et historien, et à l'astronome Eudoxe.

Les quatre autres villes de la Doride étaient dans les îles de Cos et de Rhodes, dont nous parlerons bientôt.

PROVINCES DU NORD.

313. IV. BITHYNIA. — La Bithynie (Anatolie), à l'E. du Bosphore de Thrace, de la Propontide et de la Mysie, forma un royaume que Nicomède III, son dernier roi, légua aux Romains. La partie S. O., qui renfermait le mont Olympe, *Olympus*, l'une des plus hautes montagnes de l'Asie, portait le nom d'*Olympena*. Ses villes principales étaient :

314. CHALCEDON (Chalcédoine; en turc, Cadikeuei, village du cadi), à l'entrée du Bosphore de Thrace, du côté de la Propontide; elle était appelée par dérision la *ville des Aveugles,* parce que les Mégariens, ses fondateurs, ne s'étaient pas aperçus qu'ils pouvaient choisir une position beaucoup plus avantageuse de l'autre côté du détroit, dans l'endroit où fut depuis Byzance : c'est la patrie du philosophe Xénocrate.

NICOMEDIA, Nicomédie, auparavant *Olbia* (Smid ou Is-Nikmid), port au fond du golfe Astacène, *Astacenus sinus;* capitale du roi Prusias, auprès duquel s'était réfugié Annibal, et dans la suite résidence du gouverneur romain. Elle vit naître Arrien, célèbre philosophe et historien grec.

NICÆA, auparavant *Antigonia* (Isnik ou Nicée), sur les bords du lac Ascanius, au S. de Nicomédie, célèbre par la naissance de l'astronome Hipparque, et par le *premier concile général* qui y fut tenu sous Constantin, l'an de J.-C. 325.

PRUSA (Brousse), au N. E. de Nicée, capitale de l'*Olympena.* Elle le fut aussi de l'empire des Turcs, depuis 1327 jusqu'à la prise de Constantinople.

LYBISSA (Gébissé), à l'entrée du golfe Astacène, au N. On y voyait le tombeau d'Annibal, qui s'y empoisonna pour ne pas tomber entre les mains des Romains. — HERACLEA PONTICA

(Érékli), ville très-florissante, sur la côte du Pont-Euxin ; elle était consacrée à Hercule, qui y avait une statue, dont la massue, le carquois et la peau du lion étaient d'or ; au N. de cette ville était l'*Acherusia Chersonesus*, où se trouvait un antre par lequel on disait qu'Hercule était descendu aux enfers.

315. V. PAPHLAGONIA.—La Paphlagonie (Anatolie), à l'E. de la Bithynie, était traversée par la chaîne du *Cytorus* (Kudro), fameux par le buis dont il était couvert, et qui se termine sur la côte du Pont-Euxin par un cap fort élevé, nommé *Carambis* (Kerempeh), vis-à-vis le cap *Criu-Metopon* (Karadje-Bouroun), dans la Chersonèse Taurique (Crimée). Ses villes principales étaient :

316. SESAMUS, ensuite *Amastris* (Amasré), sur le Pont-Euxin. Elle tira son second nom d'une princesse de la famille des rois de Perse, qui l'augmenta.

SINOPE, qui conserve son nom, à l'E., sur le Pont-Euxin : ville très-puissante, où naquit et résida Mithridate ; elle est aussi la patrie de Diogène le Cynique.

317. VI. PONTUS. — Le Pont (pays de Roum), qui tirait son nom du Pont-Euxin, le long duquel il s'étendait, était arrosé par le Thermodon, sur les bords duquel avaient, disait-on, habité les Amazones dans la riche plaine de *Thémiscyre*. Ses villes les plus remarquables étaient :

318. AMISUS (Samsoun), au N. O., grande ville qui donna son nom au golfe sur lequel elle était située.

ZELA (Zileh), au S. d'Amisus, près de laquelle Mithridate battit les Romains, et où César vengea, vingt ans après, l'affront reçu par le nom romain, en remportant sur Pharnace, fils de ce même Mithridate, une victoire dont il rendit compte par ces trois mots : *Veni, vidi, vici.*

TRAPEZUS (Trébisonde ou Tarabesoun), grande ville grecque, qui devint, dans le moyen âge, la capitale d'un empire détaché de celui de Constantinople, et qui lui a même survécu quelque temps. Les *dix mille* y séjournèrent dans leur retraite.

Amasia (Amasie), sur l'Iris (Iechil-Ermack), patrie du géographe Strabon.

Comana Pontica (Tokat), au N. E. de Zela, sur l'Iris, célèbre par un temple de Bellone, dont le pontife était regardé comme le chef suprême de la ville et du territoire.

Cotyora (Boujouk-Kaleb), sur le Pont-Euxin. C'est là que s'embarquèrent les *dix mille* après leur retraite.

Cerasus, Cérasonte (Kirisonto), d'où Lucullus apporta, dit-on, le cerisier en Europe, près de la côte du Pont-Euxin.

Provinces du Centre.

319. VII. Phrygia. — La Phrygie (Anatolie et Caramanie), à l'E. de la Mysie, de la Lydie et de la Carie, portait le nom de Grande-Phrygie pour la distinguer de la petite, qui était composée de la Troade, du N. de la Mysie, de toute la Bithynie, et d'une grande portion de la Galatie. La partie qui avoisinait la Lydie était appelée *Katakékauménè* ou la Brûlée, parce qu'elle était ébranlée par des tremblemens de terre. Celle qui touchait la Bithynie portait le nom d'*Epictète* ou ajoutée, parce qu'elle avait été démembrée de la Bithynie. La Phrygie comprenait en outre, au S. E., la *Lycaonie,* qui en a long-temps fait partie. Ses villes principales étaient :

320. 1° Dans la Phrygie :

Laodicæa Diospolis (Ladik ou Eski-Hisar, vieux château), au S. O. ; résidence du gouverneur romain.

Apamea Cibotos, sur la petite rivière *Marsyas* (Dinglar), capitale de la province, sous les successeurs d'Alexandre.

Celenæ, détruite, à l'E. d'Apamée, fut long-temps la capitale de la Phrygie ; elle vit naître le musicien

Marsyas, inventeur de la flûte, et dont la fable a fait un satyre, qui défia Apollon.

Cybira (Buraz), au S., vers la Lycie; ville très-puissante, qui formait une république indépendante.

Midaïum, près du Sangarius, dans laquelle Sextus Pompée fut arrêté par le parti d'Antoine. — Synnada, vers la frontière de la Galatie; on trouvait dans ses environs un marbre fort estimé. — Ipsus, au S. E. de Synnada, bourg célèbre par la sanglante bataille livrée l'an 300 avant J.-C., entre les successeurs d'Alexandre, et dans laquelle Antigone fut tué. — Tymbrium, au S. E. d'Ipsus, où Cyrus et Crésus se livrèrent, à ce qu'il paraît, la fameuse bataille qui décida du sort de l'empire des Lydiens.

321. 2° Dans la Lycaonie :
Iconium (Konieh), au N. O., capitale.
Laranda (Larandéh), au S.

322. VIII. Galatia. — La Galatie (Anatolie et Caramanie), au S. de la Bithynie et de la Paphlagonie, tirait son nom des Gaulois ou Galates faisant partie de l'expédition de Brennus qui vinrent s'y établir. Ils formaient trois peuples différens, savoir : *Tolistoboii*, à l'O.; *Tectosages*, au milieu, et *Trocmi*, à l'E., et avaient pour villes principales :

323. Pessinus, Pessinonte (Nalikan), à l'O., sur le Sangarius, capitale des Tolistoboges, et célèbre par le culte de Cybèle.

Gordium, au N. E. de Pessinonte; Alexandre y trancha le nœud gordien.

Amorium, au S., sur le Sangarius, patrie d'Ésope.

Ancyra (Angouri), au centre, capitale des Tectosages; c'est à ses habitans que saint Paul adressa ses épîtres, connues sous le nom d'*épîtres aux Galates*.

324. Tavium (Tchouroum), capitale des Trocmes.

Gangra (Kiangari), prise sur la Paphlagonie, et séjour du roi Déjotarus défendu par Cicéron.

325. IX. Cappadocia. — La Cappadoce (pays de Roum et Caramanie), au S. de la Galatie et du Pont, renfermait la petite Arménie, à l'E., et la Cataonie,

au S. On y trouvait le mont Argée, *Argeus mons*, toujours couvert de neige, et du sommet duquel on découvre, dit-on, le Pont-Euxin et la Méditerranée. Ses villes principales étaient :

326. 1° Dans la Cappadoce propre :

MAZACA ou *Cæsarea ad Argeum* (Kaizariéh), au pied du mont Argée ; capitale de toute la Cappadoce, et patrie de saint Basile, l'un des pères de l'Eglise.

CYBISTRA (Bustéré), au S. de Mazaca. Cicéron y campa dans le temps qu'il commandait en Cilicie. — NORA (Bour), au S. E. de Cybistra, château dans lequel Eumène soutint un siége d'un an contre Antigone. — NAZIANZUS, détruite, au S. E. de Nora. Dans ses environs naquit saint Grégoire, surnommé de *Nazianze.* — ARCHELAIS (Erékli), au N. O. de Nazianze, colonie romaine, où fut tué l'empereur Macrin.

327. 2° Dans la petite Arménie :

NICOPOLIS ou TEPHRIS (Divriki), au N., fondée par Pompée, dans le lieu même où il avait vaincu Mithridate.

SATALA (Arzingan), la dernière ville de la petite Arménie, sur l'Euphrate ; elle était gardée par une légion romaine.

MELITENE (Malatia), près du *Melas* (Kara-Sou), fondée par Trajan. C'était là qu'était le quartier de la *légion foudroyante.* — NOVUS (Hessen-Now ou Kodj-Hisar), au pied des monts *Pariadres*, sur la frontière du Pont, château-fort dans lequel Mithridate avait renfermé ses trésors, et qui fut pris par Pompée.

328. 3° Dans la Cataonie :

COMANA CAPPADOCIÆ (El Bostan), sur le Sarus, célèbre par un temple de Bellone.

THYANA (Tyana), au S. O. de Comane, et au pied du mont Taurus, près des *portes Ciliciennes ;* défilé qui donne entrée en Cilicie. Cette ville est la patrie d'Apollonius, fameux imposteur.

CUCUSUS, au S. E., dans une gorge du Taurus, illustrée par l'exil de saint Jean-Chrysostôme.

Provinces du Sud.

329. X. LYCIA. — **La Lycie (Anatolie), au S. de la** Phrygie, renfermait vingt-trois villes qui formaient une république fédérative, dont la constitution était si sage, que Montesquieu la cite comme un modèle. Au S. O. de ce pays était le mont *Cragus*, qui renfermait la Chimère, volcan, dont le sommet était occupé par des lions, le milieu par des chèvres sauvages, et le bas par des serpens; ce qui donna lieu à la fable de la Chimère domptée par Bellérophon. Ses villes remarquables étaient :

330. TELMISSUS (en ruines, près de Macri), à l'O., sur le golfe Glaucus, que l'on nommait aussi golfe de Telmissus. Cette ville était toute peuplée de devins.

XANTHUS (Eksénidé), au S. E. de Telmissus, capitale de tout le pays; ses habitans, assiégés par Brutus, meurtrier de César, aimèrent mieux se précipiter dans les flammes avec leurs femmes et leurs enfans que de se rendre au vainqueur.

PATARA (Patera), au S. O. de Xanthus, sur la mer, avec un fameux temple d'Apollon, qui y rendait ses oracles pendant l'hiver. L'été, il les rendait à Délos. — PHAZELIS (Fionda), à l'E., occupé par des corsaires qui inventèrent le *Phazelus*, petit bâtiment qui allait à la voile et à la rame. Au N. E. de cette ville se trouve un défilé qui donne entrée dans la Pamphylie, mais tellement resserré entre la mer et une des croupes du Taurus, nommé *Climax* ou *l'Échelle*, que l'armée d'Alexandre ne put le passer qu'en mettant le pied dans l'eau.

331. XI. PAMPHYLIA. — **La Pamphylie (Anatolie et** Caramanie), au S. de la Phrygie, renfermait la *Pisidie* et *l'Isaurie*, pays peu considérables, dans les montagnes qui forment la chaîne du Taurus. Parmi les rivières qui l'arrosaient, nous citerons : *Eurymedon* (le Menougat), vers l'embouchure duquel Cimon, général athénien, remporta le même jour deux victoires sur les Perses, l'une sur terre, l'autre sur mer. Ses villes principales étaient :

1º Dans la Pamphylie :

332. PERGA (probablement Kara – Hisar) , sur le fleuve *Cestrus* (Kapri), capitale de la province.

333. SIDE (près de Sataliadan), qui devint à son tour capitale de la Pamphylie : elle avait un port qui servait d'entrepôt aux pirates de Cilicie.

2º Dans la Pisidie :

334. TERMESSUS (Estenaz), au S. O.; principale ville des Solymes, dont parle Homère, et de la petite contrée appelée *Cabalia*.

CREMNA (Kébrinaz), au N. O. , place forte où les Romains établirent une colonie.

335. SELGA, détruite, au centre de la Pisidie , dont elle était la plus grande ville, pouvant mettre sur pied 20,000 hommes.

336. 3º Dans l'Isaurie :

ISAURA (Bei-Shehri), plusieurs fois détruite.

337. XII. CILICIA. — La Cilicie (Caramanie et pays d'Itchil), au S. du Taurus, qui la séparait de la Cappadoce, se divisait en Cilicie *Trachée* ou Montagneuse, à l'O., et Cilicie de plaines, *Campestris*, à l'E. La première porta aussi dans la suite le nom d'Isaurie ; elle était le repaire des pirates que Pompée attaqua jusque dans leurs ports, et dont il purgea la Méditerranée. On remarquait, parmi les rivières qui l'arrosaient, *Cydnus*, le Cydne, fameux par la fraîcheur de ses eaux qui furent funestes à Alexandre, qui s'y baigna couvert de sueur, et par la mort de l'empereur Frédéric Barberousse, qui s'y noya en 1119. Ses villes principales étaient :

338. 1º Dans la Cilicie Trachée :

SELINUS, Sélinonte (Selenti), à l'embouchure du fleuve du même nom. L'empereur Trajan y mourut, ce qui lui fit donner le nom de *Trajanopolis*.

SELEUCIA TRACHEA (Sélefkéh), capitale de la Cilicie Trachée, au S. E., près de la côte.

ANEMURIUM (Anémur), la ville la plus méridionale de la

Cilicie, près d'un promontoire du même nom. — Homonada (Ermenack), place forte sur la frontière d'Isaurie. — Olba, détruite, à l'E., vers la Cilicie de Plaines, dans l'intérieur des montagnes. Elle renfermait un temple de Jupiter, fondé, disait-on, par Ajax, fils de Teucer, et dont le pontife était souverain du pays.

339. 2° Dans la Cilicie de Plaines :

Sebastopolis, bâtie en l'honneur d'Auguste, dans la petite île d'*OEleusa*, à l'E. de Corycus, par Archelaüs, dernier roi de Cappadoce, qui la choisit pour sa résidence.

Tarsus (Tarsous ou Tarse), capitale de toute la province. Elle était située sur le Cydnus, sur lequel Antoine donna des fêtes brillantes à Cléopâtre. Les sciences et les arts y étaient en aussi grand honneur qu'à Athènes et à Alexandrie.

Issus (Oseler), à l'E, célèbre par la victoire remportée par Alexandre sur Darius, l'an 333 avant J.-C. A l'E. de cette ville se trouvaient, entre le mont Amanus et la mer, les portes de Syrie, *Syriæ Pylæ*, défilé par lequel Alexandre entra en Syrie.

Corycus (Curco), au S. O., port où les empereurs romains entretenaient une flotte. — Près de là se trouvait un antre où Typhon, selon la fable, avait enfermé Jupiter. — Soli, ensuite *Pompeiopolis*, au N. E. de l'île d'OEleuse, sur la mer. Pompée y plaça ceux des pirates auxquels il avait laissé la vie. — Anchiale, au N. E. de Soli; on y voyait un monument érigé à Sardanapale.

ASIÆ MINORIS INSULÆ.

340. XIII. Iles de l'Asie Mineure. — Elles peuvent se diviser en îles de la Propontide, îles de la mer Egée, îles de la mer Icarienne, îles Sporades, et île de Chypre. Les principales étaient :

I. Dans la Propontide :

Proconnesos (Marmara), au S. O., avec une ville

du même nom. Elle tire son nom moderne du beau marbre que l'on y trouvait.

341. II. Dans la mer Egée :

TENEDOS (Tenedo), près de la côte de la Troade. C'est là , selon Virgile , que se cacha la flotte des Grecs pour surprendre Troie.

LESBOS (Mételin), au S. de Tenedos, l'une des plus belles et des plus grandes îles de la mer Egée, renommée par ses vins. On y trouvait *Mitylene* (Mityleni), au S. E. ; capitale, ville très-florissante qui fut la patrie de Pittacus , d'Alcée et de Sapho ; *Metymna* (Molivo), au N. E. , patrie du musicien Arion ; *Eressus* (Eresso), à l'O. , patrie du philosophe Théophraste.

ARGINUSÆ INSULÆ (îles de Janot), au S. E. de Lesbos , célèbres par une victoire navale qu'y remportèrent les Athéniens sur les Lacédémoniens.

CHIOS (Scio), vis-à-vis la presqu'île de Clazomène, fameuse par ses vins , les meilleurs de toute la Grèce. Sa capitale , qui portait le même nom, prétendait à l'honneur d'avoir donné naissance à Homère. Elle était la patrie de Théopompe, orateur et historien.

342. III. Dans la mer Icarienne :

SAMOS (Samo), vis-à-vis la partie méridionale de l'Ionie , île très-fertile, très-riche et fort peuplée, avec une capitale du même nom ; patrie du philosophe Pythagore. —ICARIA (Nicaria), à l'O. de Samos, île peu fertile, qui, ainsi que la mer Icarienne, tirait son nom d'Icare, qui s'était noyé aux environs.

343. IV. SPORADES INSULÆ. —On donnait le nom de *Sporades,* qui signifie dispersées , à un certain nombre d'îles répandues dans la mer de Carpathie, principalement sur les côtes de la Carie. Les principales étaient :

PATMOS, au S. E. d'Icaria ; elle conserve aujourd'hui son nom. Saint Jean l'Evangéliste y fut relégué et y écrivit son Apocalypse.—Cos (Stancho), au S. E. de Patmos , île agréable et fertile , avec une capitale du même nom, qui faisait partie de la Doride, et qui a donné naissance à Hippocrate et à Apelle.

Rhodus (Rhodes), au S. de la Doride, la principale des Sporades, très-fertile, très-riche et très-puissante : elle avait pour capitale une ville du même nom, célèbre par son colosse, par le siége qu'elle soutint contre Démétrius Poliorcète, qui ne put la forcer, et plus encore, dans les temps modernes, par la résistance héroïque des chevaliers de Saint-Jean-de-Jérusalem. — Carpathos (Scarpanto), au S. O. de Rhodes ; elle donnait son nom à la mer de Carpathie.

Outre *Rhodus*, on trouvait encore dans l'île de Rhodes les villes de *Lindos*, *Camiros* et *Ialysos*, qui faisaient partie de la Doride, et dont la première avait donné naissance à Cléobule, l'un des sept sages.

344. V. Cyprus Insula (île de Chypre).—Nous plaçons l'île de Chypre parmi celles de l'Asie-Mineure, quoiqu'elle dépendît autrefois de la Syrie, parce qu'elle n'est séparée de la première que par le canal de Cilicie, et qu'elle fait aujourd'hui partie du gouvernement d'Itchil, dans la Caramanie. Elle était particulièrement consacrée à Vénus. Elle avait pour villes principales :

Paphos (Bafo), au S. O. ; il y avait deux villes de ce nom, peu distantes l'une de l'autre : l'ancienne, fameuse par un temple de Vénus ; et la nouvelle, plus au N. O., où saint Paul convertit le proconsul romain Sergius Paulus.

Soloe (Solea), au N. O., ville bâtie par un roi du pays dans une position avantageuse, d'après le conseil de Solon, dont elle prit le nom. La présence de ce sage Athénien dans cette ville y attira un grand nombre de ses compatriotes, qui, mêlés avec les Cypriotes, commencèrent à parler un langage moins pur : d'où est venu le mot *solécisme* pour désigner une expression fautive.—Salamis, ensuite *Constantia* (Constanza), au S. E., fondée par Teucer, fils de Télamon, roi de Salamine, en Grèce. — Amathus (Limeson), au S. ; Vénus y avait un temple superbe ; son territoire était rempli de mines. — Citium (Chiti), au N. E. d'Amathonte, patrie du philosophe Zénon, chef de la secte des Stoïciens.

SYRIA.

345. Bornes, Montagnes, Fleuve et villes principales. — La Syrie (Shan), nommée dans l'écriture
Aram, était bornée au N. par le Taurus, qui la séparait de la Cappadoce; au N. O. par le mont Amanus,
qui la séparait de la Cilicie; à l'O. par la mer Intérieure et la Phénicie; au S. par la Palestine et l'Arabie Pétrée, et à l'E. par l'Euphrate, qui la séparait
de la Mésopotamie. Elle renfermait, vers le S., les
chaînes du Liban et de l'Anti-Liban, où croissaient
de beaux cèdres. L'*Oronte* (le Narh-el-Asi) en était le
fleuve principal. La Syrie se divisait en plusieurs provinces, dont les villes les plus remarquables étaient :

346. Samosata (Sémisat), au N. E., sur l'Euphrate,
capitale de la Comagène, province du nord, qui forma
quelque temps un royaume particulier. C'est la patrie de Lucien.

347. Antiochia, Antioche (Antakia), capitale de
toute la Syrie, et long-temps même de tout l'Orient.
C'est dans son sein que les disciples de J.-C. prirent
le nom de *chrétiens :* elle fut la patrie de saint Jean
Chrysostôme, du poète Archias, et, à ce que l'on croit,
de l'évangéliste saint Luc. Germanicus mourut dans
un de ses faubourgs nommé *Daphné*, d'où la ville tirait le nom d'*Epi-Daphné*, c'est-à-dire *près de
Daphné*. On y trouvait un bois délicieux de lauriers
et de cyprès, avec un oracle d'Apollon.

Apamea (Famiéh), au S. E., au bord d'un lac formé par l'Oronte, capitale d'une province nommée
Apamène, qui avait ses rois particuliers. Séleucus Nicator y nourrissait 500 éléphans. C'est la patrie du
philosophe Posidonius.

Seleucia Pieria (Kepsé), près de l'embouchure de l'O-
ronte. Elle tirait son surnom du mont Piérius, branche du
mont Amanus, au pied duquel elle était bâtie. — Emesa
(Hems), au S. E. d'Apamée, à peu de distance de l'Oronte,
patrie d'Héliogabale, d'abord prêtre du soleil ou *Elagabal*

6

qui avait un temple dans cette ville, et ensuite empereur romain. C'est sous ses murs qu'Aurélien défit Zénobie, reine de Palmyre.

348. Palmyra (Palmyre ou Tadmor), au N. E. d'Emèse, bâtie, dit-on, par Salomon, au milieu du désert, et qui devint la capitale de la Palmyrène, État riche et puissant, dont la dernière reine, Zénobie, femme d'Odénat, fut vaincue et prise par Aurélien, qui la fit conduire à Rome, chargée de chaînes d'or. Les ruines magnifiques de cette ville attestent son antique splendeur.

Damascus (Damas), au S. O. d'Emèse, capitale de la *Cœlésyrie*, ou *Syrie Creuse*, entre la chaîne du *Liban* et celle de l'*Anti-Liban*. Elle existait déjà du temps d'Abraham, et est encore aujourd'hui une des villes les plus florissantes de la Turquie d'Asie.

Heliopolis (Balbeck), au N. O. de Damas, conserve les restes d'un très-beau temple du soleil.

PHOENICE.

349. Bornes, Habitans et Villes principales.—La Phénicie, bornée au N. par le faux Eleuthéros, n'était qu'une côte assez étroite qui s'étendait le long de la mer Intérieure, nommée en cet endroit *mer de Phénicie*. Elle était bornée au S. par la Palestine, et à l'E. par la Palestine et la Syrie. Ses habitans furent, dit-on, les inventeurs de la navigation, de l'écriture et du verre : leur commerce leur procura de grandes richesses. Ses villes principales étaient :

350. Tripolis (Tripoli), au N. O. d'Héliopolis, ainsi appelée parce qu'elle se composait de trois villes bâties par des colonies sorties des trois suivantes. Elle fut long-temps le séjour du gouverneur de la Phénicie pour les Perses.

Sidon (Seid), au S. de Tripoli, long-temps la plus puissante ville de Phénicie, fameuse par ses verreries, par son commerce et par sa corruption, suite de ses immenses richesses.

Tyrus, Tyr (Tsour), au S. de Sidon, dont elle était une colonie; capitale de la Phénicie, et l'une des plus florissantes villes du monde, située d'abord sur le continent. Nabuchodonosor l'ayant prise et détruite 586 ans avant J.-C., ses habitans se retirèrent dans une île voisine, où ils bâtirent une nouvelle ville, qui devint si puissante, qu'Alexandre le Grand, qui l'assiégea, ne put s'en rendre maître qu'avec la plus grande peine.

Aradus, au N., dans une île. Elle était fort peuplée, et les maisons avaient plusieurs étages. — Berytus (Bérouth), au S. de Tripoli, dans un territoire agréable et fertile, surtout en excellens vins; ruinée au 4e siècle par un affreux tremblement de terre; patrie de Sanchoniaton, historien et philosophe, qui vivait, dit-on, avant la guerre de Troie. — Aco ou Ptolemaïs (Saint-Jean-d'Acre), sur une pointe qui s'avance dans la Méditerranée, à l'opposite du promontoire qui termine la chaîne du mont Carmel.

PALESTINA.

351. Noms, Bornes, Montagnes, Fleuve et Lacs. — La Palestine, nommée anciennement *Pays de Chanaan*, du nom de Chanaan, fils de Cham, qui la peupla, porta différens noms, savoir: *Palestine*, à cause des Philistins, qui en occupaient une partie; *Judée*, du nom de la plus considérable des tribus d'Israël; *Terre-Promise*, parce que Dieu avait promis aux patriarches de la donner à leur postérité; *Terre-Sainte*, à cause des mystères de notre sainte religion, qui s'y sont opérés. Elle était bornée au N. par la Syrie; à l'O., par la mer Intérieure ou grande mer; au S., par l'Arabie Pétrée; à l'E., par l'Arabie Déserte. Outre les chaînes du Liban et de l'Anti-Liban, dont nous avons parlé, et qui s'étendaient jusque dans la Palestine, on trouvait encore dans ce pays: *Carmelus mons*, le mont Carmel, à l'O., couvert de vignes et d'oliviers, et connu dans l'Écriture par le séjour qu'y ont fait les prophètes Élie et Élisée; le *Thabor*, ap-

pelé par les Grecs *Itabyrius*, au centre, montagne très-haute qui domine la vaste plaine d'*Esdrélon*, et du haut de laquelle la vue s'étend jusqu'à la Méditerranée et jusqu'au lac de Tibériade; la tradition y place la scène de la transfiguration de Notre-Seigneur.

La principale rivière de la Palestine est le Jourdain, *Jordanes* (Narh-el-Arden), qui prend sa source au mont *Hermon*, chaîne de montagnes liée à l'Anti-Liban, et, coulant du N. au S., traverse le lac de Génésareth, appelé dans l'Ancien-Testament mer de *Ceneroth*, et dans le Nouveau, mer de *Galilée*, ou de *Tibériade*; et, après avoir arrosé presque toutes les tribus, va se perdre dans le *lac Asphaltite*, nommé aussi *mer Morte, mare Mortuum* (Barh-el-Louth, mer de Loth). Les eaux bitumineuses de cette mer sont, dit-on, si pesantes et si épaisses, qu'un homme n'y enfonce que difficilement. Sur ses bords existaient jadis les cinq villes de *Sodome, Gomorrhe, Adama, Seboïm* et *Segor*, détruites par le feu du ciel.

352. DIVISIONS. — La Palestine fut d'abord divisée en *peuples*, sous les Chananéens; puis en *tribus*, sous les Israélites ; en *royaumes*, après la mort de Salomon ; et enfin en *provinces*, après la captivité de Babylone.

Les principaux peuples étaient les *Chananéens* proprement dits, au N. ; les *Jébuséens*, qui occupaient les environs de Jérusalem, appelée alors *Jébus*, au centre; et les *Amorrhéens*, au S.

Josué, en établissant les Hébreux dans la Terre-Promise, partagea le pays en douze tribus, qui portèrent les noms des fils de Jacob. Cependant ceux de Joseph et de Lévi ne paraissent pas dans cette division, parce que la postérité de Joseph eut deux tribus qui portèrent les noms de ses deux fils Manassé et Éphraïm ; quant à la famille de Lévi, réservée pour le sacerdoce, elle n'eut en partage aucun canton particulier, mais elle possédait quarante-huit villes répandues dans le territoire des diverses tribus, et nommées *villes Lévitiques*. Six d'entre elles, nommées *villes de refuge*, servaient d'asile à ceux qui, sans le vouloir, avaient eu le malheur de tuer, quelqu'un ; ils n'en pouvaient sortir qu'à la mort du grand-prêtre.

Après la mort de Salomon, la Palestine, qui jusqu'alors n'avait formé qu'un royaume, fut divisée en deux : celui de *Juda*, comprenant les tribus de Juda et de Benjamin, qui eut Jérusalem pour capitale ; et celui d'*Israël* ou de *Samarie*, composé des dix autres tribus, et dont *Samarie* était la capitale.

Après le retour de la captivité, ce pays fut divisé en quatre provinces, trois à l'O. du Jourdain, savoir : la *Galilée*, au N. ; la *Samarie*, au milieu, et la *Judée* propre, au S. ; la quatrième, appelée *Pérée*, était à l'E. du fleuve. Nous joindrons à ces provinces le *pays des Philistins*.

353. VILLES PRINCIPALES :

1º Dans la Galilée, divisée en *Supérieure,* qui comprenait les tribus de Nephtali et Aser; et *Inférieure*, qui renfermait celle de Zabulon, et la plus grande partie de celle d'Issachar. La première était aussi appelée *Galilée des Gentils*, parce que beaucoup de ses habitans n'étaient pas Juifs de nation.

SÉPHORIS, ensuite *Dio-Cæsarea* (Séphouri), près du Carmel, la ville la plus considérable de la Galilée, du temps de Joseph.

NAZARETH (Nazara), où résidait la mère de notre Sauveur.

CANA, où J.-C. fit son premier miracle.

IOTAPATA, place très-forte, que Vespasien assiégea, et où il prit l'historien Josèphe. — CAPHARNAÜM, au N. du lac de Génésareth. J.-C. y fit plusieurs miracles. — GÉNÉSARETH, à l'O. du même lac, auquel elle donnait son nom, et qui prit ensuite celui de lac de *Tibériade*, d'une ville de ce nom, bâtie l'an 17 de l'ère chrétienne, en l'honneur de Tibère, par le roi Hérode Antipas, à la place de Génésareth.

354. 2º Dans la Samarie, qui renfermait seulement la tribu d'Éphraïm et la demi-tribu de Manassé, en deçà du Jourdain, et qu'il ne faut pas confondre avec le

royaume de ce nom., qui était beaucoup plus étendu :

Cæsarea, auparavant *Turris Stratonis* (Césarée de Palestine), sur le rivage de la mer, bâtie par Hérode le Grand, et résidence des gouverneurs romains.

Samaria, ensuite *Sebaste*, nom qu'elle a conservé, au S. E. de Césarée, capitale du royaume d'Israël.

Sichem, ensuite Neapolis (Nabolos), au S. E. de Samarie, dans une vallée entre les monts *Garizim* et *Hebal*. Elle devint la capitale de la Samarie, après la ruine de Samarie par Salmanazar. — Jezrael ou Esdrael, au N. E. de Samarie; célèbre par la vigne de Naboth, par la punition d'Achab, et la mort de la reine Jézabel.

355. 3° Dans la Judée proprement dite, qui comprenait les tribus de Dan, de Siméon, de Benjamin et de Juda, et le pays des Philistins :

Hierosolyma ou *Jérusalem* (Jérusalem), au centre, dans la tribu de Benjamin, sur les confins de celle de Juda, fameuse par le temple de Salomon, et surtout par la passion de J.-C.; elle était la capitale, d'abord de toute la Palestine, et ensuite seulement du royaume de Juda. Détruite par Titus, elle fut relevée par Adrien, qui la nomma *Ælia capitolina*. Elle conserve son ancien nom.

Jéricho (Eriha), au N. E. de Jérusalem, dans un pays couvert de palmiers, la première ville prise par Josué. J.-C. y convertit Zachée.

Bethléem, au S. de Jérusalem, fameuse par la naissance de notre Sauveur, et par celle de David.

Joppe (Joppe ou Jaffa), sur la mer Intérieure, le seul port de la Judée; c'est là que s'embarqua Jonas. Andromède, suivant la fable, avait été enchaînée à un rocher près de cette ville, et fut délivrée par Persée.— Hebron (Cabr-Ibraïm, tombeau d'Abraham), bâtie peu de temps après le déluge. Tout auprès était la vallée de *Mambré*, où habitèrent sous des tentes les patriarches Abraham, Isaac et Jacob.

356. 4° La Pérée, entre le Jourdain, à l'O., et l'Arabie, à l'E., comprenait la demi-tribu de Manassé au-delà du Jour-

dain, et celles de Gad et de Ruben. On peut y comprendre encore quelques régions situées à l'E. du Jourdain, qui faisaient réellement partie de l'Arabie, mais qui, dans la suite, ont été annexées à la Palestine, et qui sont citées sans cesse dans l'Histoire sainte ; c'étaient du N. au S., la *Trachonite*, l'*Iturée*, l'*Auranite*, le pays des *Ammonites*, celui des *Moabites*, et l'*Idumée*. Cette dernière, outre les *Édomites*, descendans d'Ésaü ou Édom, renfermait les *Amalécites*, ennemis jurés des Juifs. On trouvait dans tous ces pays peu de villes remarquables ; nous citerons seulement :

BOSTRA (Bosra), dans l'Auranite, métropole de l'Arabie sous Septime Sévère, et patrie de l'empereur Philippe. — RABBATH AMMON (Ammon), capitale des Ammonites. — RABBATH MOAB ou AREOPOLIS (El-Raba ou Maab), capitale des Moabites.

357. 5° Le pays des Philistins, les éternels ennemis des Juifs, auxquels ils furent assujettis par David, à l'O. de la Judée, sur la côte de la mer Intérieure, était divisé en cinq satrapies, dont les capitales étaient :

ASCALON, au S., et l'une des plus fortes places du pays ; patrie de Sémiramis et du roi Hérode. Dans ses environs croissait l'ognon appelé par les Latins *ascalonia*, dont nous avons fait *échalotte*.

GAZA, au S., près de la mer, conserve son nom. Elle tenait le premier rang parmi les villes des Philistins, et osa résister à Cyrus et à Alexandre.

ACCARON ou EKRON, au N. ; le dieu Béelzébuth y était spécialement honoré. — GETH ou GATH, patrie du géant Goliath. — AZOTUS ou AZOT, au S. O. des précédentes. C'est là que les Philistins placèrent dans le temple de Dagon l'*arche sainte*, dont ils s'étaient emparés.

ARABIA.

358. BORNES ET DIVISION. — L'Arabie, qui a conservé son nom et ses bornes, puisqu'elle s'étendait au N. jusqu'à la Palestine, et au N. E. jusqu'à la Mésopotamie et la Babylonie, fut peu connue des anciens jusqu'à l'expédition qu'y fit Ælius Gallus, sous le règne d'Auguste, environ vingt ans avant J.-C. Ce gé-

néral, après avoir pris et pillé plusieurs villes, ramena, sans avoir pu faire aucune conquête, son armée presque entièrement détruite par les maladies et
les fatigues.

L'Arabie est divisée, par les géographes anciens,
en Arabie *Pétrée, Heureuse* et *Déserte.*

359. I. ARABIA PETRÆA.—L'Arabie Pétrée, à l'O., sur
le golfe Arabique, tirait son nom de la ville de PÉTRA.
Les peuples qui l'habitaient étaient, outre ceux que
nous avons nommés (356), les *Amalécites,* les *Ismaé-
lites,* descendans d'Ismaël, fils d'Abraham et d'Agar,
et les *Madianites,* descendans de Madian, fils d'A-
braham et de Céthura. Ce pays renfermait les déserts
de *Pharan* et de *Sin* où errèrent pendant quarante
ans les Israélites, après leur sortie d'Égypte, et particulièrement celui de *Sinaï* ou *Sina,* situé dans cette
espèce de péninsule formée par les deux bras ou golfes de la mer Rouge. Celui de ces deux golfes qui est
à l'occident se nommait *Sinus Heroopolites* (Barh-el-
Soueis), de la ville d'*Heroopolis* en Égypte; l'oriental
s'appelait *Sinus Ælanites* ou *Ælaniticus* (Barh-el-
Acaba), de la ville d'*Ælana,* nommée *Ailaht* dans
les livres saints, en Arabie : il paraît que c'est vers
l'extrémité septentrionale du premier qu'eut lieu le
passage miraculeux des Israélites. Ce désert renfermait deux montagnes célèbres, savoir : le *Sinaï* ou
Sina (Gebel-Tour), où Dieu donna sa loi à son peuple, et le mont *Horeb,* au N. O. du Sinaï, où il appa-
rut à Moïse au milieu d'un buisson ardent, pour lui
commander d'aller délivrer les Israélites.

360. VILLES.—Les plus remarquables étaient :

PETRA (Arak), au S. du lac Asphaltite, assiégée en
vain par Démétrius Poliorcète, et qui était, au temps
d'Auguste, la résidence du roi des *Nabathéens.*

ASIONGABER ou *Berenice* (Acabah ou Minet-Idabad,
port de l'Or), au fond du golfe Elanitique, port d'où
partaient les flottes de Salomon, pour aller à Ophir
(362 et 429).

MADIAN, au pied des monts Sinaï et Horeb, capitale des Madianites, et patrie de Jéthro, beau-père de Moïse. Quelques géographes la placent à l'E. du golfe Élanitique.

361. II. ARABIA FELIX.—L'Arabie Heureuse occupait tout le sud de la presqu'île; elle était habitée par un grand nombre de peuples, parmi lesquels se faisaient remarquer les *Sabéens*, dont le pays produisait l'encens en abondance. Le café, plante inconnue aux anciens, procure aujourd'hui à ce pays autant de richesses que lui en procuraient autrefois l'encens et la poudre d'or qu'il fournissait aux peuples de l'Europe et de l'Asie. C'était à ces dernières productions qu'il devait son nom d'Arabie *Heureuse*. Ses villes les plus remarquables étaient :

362. SABA (Saada), au S. On croit qu'elle était la résidence de la reine de Saba, qui vint visiter Salomon.

MUSA (Moseb), aussi au S. Elle était l'entrepôt du commerce comme Moka l'est aujourd'hui.

IATRIPPA (Médine), vers le golfe Arabique. — MACORABA (la Mecque), au S. de la précédente, fondée, dit-on, par Abraham. — Quelques géographes placent la ville d'Ophir dans ces régions, où l'on trouve encore un endroit nommé Dophir.

363. III. ARABIA DESERTA. — L'Arabie Déserte, au N. E., s'étendait jusque dans la Mésopotamie. Elle était habitée anciennement, comme de nos jours, par des hordes errantes, qui font métier de piller les voyageurs. On les appelait, dans l'antiquité, Arabes *Scénites*, c'est-à-dire vivant sous des tentes. Ce pays renfermait aussi la tribu des *Sarrasins*, ou mieux *Agarrasins*, descendans d'Ismaël, fils d'*Agar*, qui, d'abord très-faible, devint si considérable, qu'elle envahit tout le midi du continent, comme les Scythes ou Tartares se répandirent dans le nord.

COLCHIS.

364. POSITION ET DIVISION. — La Colchide (Géorgie, Daghistan et Shirvan) occupait tout l'espace compris entre le Pont-Euxin et la mer Caspienne, et renfer-

6*

mait trois pays : la *Colchide propre*, l'*Ibérie* et l'*Albanie*.

365. I. Colchis Propria. — La Colchide propre (Mingrélie, Imirette, Guriel), qui s'étendait le long du Pont-Euxin, à l'O., est célèbre par l'expédition des Argonautes et par l'histoire de Médée. Elle était arrosée par le *Phasis* (le Phaz ou Rioné), et avait pour villes remarquables :

OEa, sur le Phase, aujourd'hui détruite : c'est là que régnait OEétès, père de Médée, et qu'était la toison d'or, enlevée par les Argonautes.

Phasis Ures (Poti), à l'embouchure du Phase. — Cyta (Cotatis), patrie de Médée.

366. II. Iberia. — L'Ibérie (Kaket et Carduel), à l'E. de la Colchide, avait, dit-on, été peuplée par une colonie d'Ibériens venus d'Espagne. Cette contrée fut quelque temps l'entrepôt des richesses de l'Inde, qui arrivaient par l'*Oxus* (Gihon) dans la mer Caspienne, où il avait autrefois son embouchure, traversaient cette mer et remontaient le *Cyrus* (Kur), qui traverse l'Ibérie et l'Albanie, et se jette dans la même mer. Ses villes les plus remarquables étaient :

Harmozica (Akalziké), sur le Cyrus, place forte, qui tenait le premier rang dans l'Ibérie.

Zalissa (Téflis), aussi sur le Cyrus.

367. III. Albania. — L'Albanie (Daghistan, à l'O., et Shirvan, à l'E., le long de la mer Caspienne) fut, à ce que l'on croit, le berceau des Albanais d'Europe, qui furent transportés en Illyrie par Pompée. Ses villes les plus remarquables étaient :

Cabalaca (Kablasvar), sur la mer Caspienne, au N., capitale.

Albana (Miasabad), à l'embouchure de l'Albanus (Samour) dans la mer Caspienne.

ARMENIA.

368. Bornes, Montagnes, Rivières et Villes prin-

CIPALES. — L'Arménie, qui conserve aujourd'hui son nom, était bornée au N. par la Colchide, l'Ibérie et l'Albanie; à l'O. par l'Euphrate, qui la sépare de la petite Arménie, dont nous avons parlé (327); au S., par la Mésopotamie et l'Assyrie, et à l'E., par la Médie. Cette contrée, où l'on place le paradis terrestre, est couverte de montagnes, parmi lesquelles on remarque le mont *Ararat* (mont Macis ou Agri-dagh), sur lequel s'arrêta l'arche de Noé, et qui paraît avoir fait partie des *Gordiæi* ou *Carduchorum montes*, montagnes habitées par les Carduques, qui firent beaucoup souffrir les *Dix mille* dans leur retraite. L'Euphrate, *Euphrates*, le Tigre, *Tigris*, et le rapide Araxe, *Araxes*, prenaient leurs sources au pied des montagnes de ce pays, dont les villes principales étaient :

369. TIGRANOCERTA (Sert), sur une montagne, au S. de l'Arménie, dont elle fut la seconde capitale. Fondée ou du moins embellie par le grand Tigrane, elle fut presque aussitôt prise et ruinée par Lucullus.

NAXUANA (Nakchivan), dans la vallée de l'Araxe, la première ville, dit-on, bâtie après le déluge.

370. ARTAXATA (Ardek), sur la rivière Harpasus, qui se joint à l'Araxe, bâtie par le conseil d'Annibal. Elle fut assez long-temps capitale de l'Arménie.

MESOPOTAMIA.

371. BORNES ET VILLES PRINCIPALES. — La Mésopotamie (Diarbeck), dont le nom signifie *au milieu des fleuves*, était comprise entre l'Euphrate et le Tigre; ces deux fleuves se rapprochent tellement au S., qu'ils ne laissent entre eux qu'un petit espace, que Sémiramis ferma par un mur, qui séparait la Mésopotamie de la Babylonie. Ses villes principales étaient :

372. CARRÆ ou CHARRÆ, nommée dans l'Ecriture *Harran*, nom qu'elle a conservé. C'est de là que sortit Abraham pour se rendre en Palestine. Crassus s'y réfugia après sa défaite près d'*Ichnæ*, et la quitta bientôt après pour gagner les montagnes d'Arménie, où il

fut joint par les Parthes, qui le tuèrent avec 20,000 de ses soldats, et firent 10,000 prisonniers.

Cunaxa, détruite, au S. E., sur l'Euphrate. C'est là que se livra, 401 ans avant J.-C., entre Artaxerce-Memnon et Cyrus le jeune, la fameuse bataille, dans laquelle celui-ci fut tué en combattant à la tête de 10,000 Grecs, que Xénophon ramena ensuite dans leur pays ; retraite célèbre dont il écrivit l'histoire.

Resaina (Ras-ain), sur le *Chaboras* (Kabour); ville très-ancienne, célèbre par la victoire remportée par le jeune Gordien sur Sapor, roi de Perse, l'an 245 de J.-C. — Edessa où Calliruoe (Orfa), à peu de distance de l'Euphrate; si ancienne qu'on attribuait sa fondation à Nemrod. — Nisibis (Nisibin), vers la source du Mygdonius, appelée par les Grecs *Antioche de Mygdonie*, prise par Trajan sur les Parthes.

ASSYRIA.

373. Bornes et Villes principales. — L'Assyrie propre (Kourdistan), qui tirait son nom d'Assur, fils de Cham, et qu'il ne faut pas confondre avec l'empire d'Assyrie, qui s'est étendu sur presque toute l'Asie, avait au N. l'Arménie; à l'O., la Mésopotamie; au S., la Babylonie, et à l'E., la Médie. Ses principales villes étaient :

374. Ninus, Ninive (Nino, en ruines), sur le Tigre, ville très-ancienne, bâtie, dit-on, par Assur, et dont on a sans doute exagéré l'étendue, en disant qu'elle avait 18 lieues de circuit. Cette capitale de l'Assyrie est célèbre par la fameuse prédiction de Jonas, qui engagea ses habitans à faire pénitence.

Arbela (Erbil), au S. E. de Ninive, fameuse par la bataille gagnée par Alexandre sur Darius, et qui mit fin à l'empire des Perses. Cette bataille, qui porta le nom d'Arbèle, avait été livrée à *Gaugamela*, qui en est peu éloigné.

BABYLONIA.

375. Bornes et Villes principales. — La Babylonie,

appelée aussi Chaldée, surtout dans sa partie méridionale (Irak-Arabi), avait au N. la Mésopotamie et l'Assyrie; à l'O., l'Arabie déserte, qui, avec le golfe Persique, la bornait aussi au S.; à l'E., elle touchait la Susiane. C'est dans ce pays que se trouve la plaine de *Sennaar,* d'où le genre humain se dispersa dans le reste de l'univers, et où prit naissance la science de l'astronomie, dans laquelle les Chaldéens firent de grands progrès. Ses principales villes furent:

376. BABYLON (en ruines), sur l'Euphrate, l'une des plus grandes et des plus anciennes villes du monde, fondée par Bélus et Nemrod, embellie par Sémiramis et par Nabuchodonosor; elle est célèbre par la captivité des Juifs et par la mort d'Alexandre le Grand. On croit que la tour de Babel se trouvait dans son enceinte, qui était de plus de douze lieues de tour.

SELEUCIA, bâtie sur la rive droite du Tigre par Séleucus Nicator pour ruiner Babylone, projet qui lui réussit. Séleucie devint une des capitales de son empire, et eut jusqu'à 600 mille habitans; mais elle fut détruite à son tour par le voisinage de

CTESIPHON (Al-Madaïn), bâtie aussi sur le Tigre par les Parthes, qui en firent la capitale de leur empire. On s'est servi des ruines de ces deux dernières villes pour bâtir celle de *Bagdad.*

MEDIA *.

377. BORNES, RIVIÈRES ET VILLES PRINCIPALES. — La Médie (Irak-Adjémi), était bornée, au N., par l'Arménie et la mer Caspienne; à l'O., par l'Assyrie; au S., par la Susiane et la Perse propre, et à l'E., par l'Arie et l'Hyrcanie. C'est un pays froid et montagneux; elle se divisait en occidentale et orientale, et était arrosée par le *Gindes* (Kara-Sou), que Cyrus fit diviser en 360 canaux, parce qu'il avait failli s'y noyer.

---

* Consultez la carte ORBIS VETUS.

378. ECBATANA (Hamadan), près du mont *Orontes* (Elwend); grande ville, capitale de l'empire des Mèdes, et ensuite l'une des quatre principales de l'empire des Perses, dans la Médie Occidentale.

RAGÆ (Rai), au N. E. d'Ecbatane; fondée par Ninus; la seconde ville de la Médie, près de laquelle on trouve le défilé nommé *Caspiæ Pylæ*, de dix lieues de long, par lequel Alexandre entra dans le pays des Parthes.—HECATOM PYLOS (Damghan), à l'entrée des déserts, fut long-temps la capitale des Parthes, qui habitaient plus au nord. — ECBATANA MAGORUM (Guerden), construite par Darius pour les Mages. On y voit encore un fameux Pyrée de Guèbres, ou adorateurs du feu, auprès d'une grande montagne nommée *Elbourz*, qui jette du feu.

SUSIANA.

379. BORNES ET VILLES PRINCIPALES. — La Susiane (Khusistan) était bornée au N. par la Médie; à l'O., par la Babylonie; au S., par le golfe Persique, et à l'E., par la Perse propre, dont elle était séparée par l'*Arosis* (Ab-Chirin), fleuve qui se jette dans le golfe Persique. Le *Pasitigris*, que remonta la flotte de Néarque, amiral d'Alexandre, est le fleuve le plus remarquable de cette contrée, qui avait pour ville principale:

380. SUSA (Sous), à l'entrée d'une vaste plaine, capitale de la Susiane, et l'une des quatre de la Perse. Les rois de ce pays y passaient les hivers, qui y étaient fort doux, et y conservaient une grande partie de leurs trésors, dont Alexandre s'empara. C'est là qu'arriva l'histoire d'Esther, et que Daniel, dont on y montre le tombeau, eut ses visions prophétiques.

PERSIS PROPRIA.

381. BORNES ET VILLES PRINCIPALES. —La Perse propre (Farsistan), appelée dans les livres saints *Paras* et *Elam*, n'était qu'une province du vaste empire du

même nom qui fut détruit par Alexandre. Elle était bornée, au N., par la Médie; à l'O., par la Susiane; au S., par le golfe Persique, et à l'E., par la Carmanie. Ses villes principales étaient:

382. PERSÉPOLIS (ruines, près de Chiraz), l'une des capitales de la Perse, avec un magnifique palais brûlé par Alexandre, et dont on trouve des restes nommés *Tchil-Minar*, ou les Quarante Colonnes.

Près de Persépolis, à l'E., était la *Montagne Royale* (Nakchi-Roustam), où l'on voyait les tombeaux des rois de Perse.

PASAGRADA ou *Pasargada* (Pasa), qui renfermait le tombeau de Cyrus. C'est là qu'un philosophe indien, nommé *Calanus*, se brûla en présence d'Alexandre.

CARMANIA.

383. BORNES, RIVIÈRES ET VILLES PRINCIPALES. — La Carmanie (Kerman et Laristan) était bornée au N. par de vastes déserts, où Cyrus et Sémiramis perdirent la plus grande partie de leurs troupes, en essayant de les traverser, et où l'armée d'Alexandre eut aussi beaucoup à souffrir: elle avait la Perse propre, à l'O.; la Gédrosie, à l'E., et au S., la mer Érythrée, dont la côte était habitée par des peuples appelés *Ichthyophagi*, Ichthyophages, parce qu'ils se nourrissaient de poissons. On ne trouve sur cette côte d'autre rivière remarquable que l'*Anamis* (Mina), qui se jette dans la mer Érythrée, et à l'embouchure duquel Néarque fit mettre ses vaisseaux à terre et reposer ses troupes, tandis qu'il se rendait à *Salmus* (Memzaum), auprès d'Alexandre, qui le croyait mort. Les principales villes étaient:

CARMANA (Kerman ou Sirjan), au centre; capitale.

HARMUSA (Bender-Abassi), ville considérable par son commerce, sur le golfe Persique.

384. ILES.— Le golfe Carmanique (détroit d'Ormus) renfermait plusieurs îles, dont les principales étaient:

Oaracta (Kichmich), où était le tombeau d'Ery-thras, qui, dit-on, donna son nom à la mer Erythrée. Quelques géographes placent ce tombeau dans l'île suivante :

Organa ou *Ogyris* (Ormus), où se retirèrent les ha-bitans d'Harmosie, lors de l'invasion des Mogols, au treizième siècle.

HYRCANIA.

385. Position et Division. — L'Hyrcanie (Mazande-ran) s'étendait à l'E. de la Médie, sur les côtes méri-dionale et orientale de la mer Caspienne, qui prenait sur ces rivages le nom de *mer d'Hyrcanie*. Elle avait, au S., de vastes déserts et l'Arie, et à l'E., la Sogdiane et la Bactriane. Elle était très-fertile et comprenait plusieurs contrées, savoir :

386. 1° L'Astabène, à l'E. de la mer Caspienne, où se trouvait Azaac (Azhor), première capitale de l'empire des Parthes, fondée par Arsaces, environ 250 ans avant J.-C., et qui, après avoir long-temps résisté aux Romains, finit sous le règne d'Artaban, vers l'an 227 de J.-C.

2° La Parthiène, berceau des Parthes, qui se sont ensuite étendus bien au-delà des bornes de ce pays.

On y trouvait :

Nisæa ou *Parthaunisa* (Nesa), près de l'Ochus, ca-pitale de la Parthiène, et lieu de sépulture des rois.

387. 3° La Marciane (partie du Korassan), qui ren-fermait un canton d'une fertilité prodigieuse, et avait pour ville principale :

Antiochia *ad Margum* (Maru-Shahigian), fondée par Alexandre sous le nom d'Alexandrie, et augmen-tée par Antiochus-Soter, qui en fit une ville considé-rable et lui donna son nom.

ARIA.

388. Position et Villes principales. — L'Arie (ter-

ritoire d'Hérat), située à l'E. de l'Hyrcanie, était traversée par une chaîne de montagnes nommée *Paro-*
pamisus, que les compagnons d'Alexandre appelèrent
Caucase, et que l'on regarde comme une prolonga-
tion du Taurus. Ses villes principales étaient :

Aria (Fuchendy), capitale, à l'E. du lac du même
nom (lac de Zerrah).

Alexandria (Hérat), fondée par Alexandre, au S. du
lac.

DRANGIANA.

389. Position et Capitale. — La Drangiane ou An-
nabon (Sigistan), au S. de l'Arie, avait pour capitale :

Prophtasia (Zarang), au N. O., sur l'*Etymander*
(Helmend), rivière qui se jette dans le lac Aria.

ARACHOSIA.

390. Position et Villes principales. — L'Arachosie
(Arrokage ou Candahar), à l'E. de la Drangiane, avait
pour villes principales :

Arachotus (Rokage), sur l'Etymander, fondée,
dit-on, par Sémiramis, et première capitale de ce
pays.

Alexandria (Skandarie d'Arrokage), fondée par Alexandre
sur les bords de l'*Arachotus* (Karé).

GEDROSIA.

391. La Gédrosie (Béloutchistan), au S. de l'Arachosie, le long de la mer Erythrée, dont la côte était
habitée par des Ichthyophages, avait pour villes principales : Para (auj. Karkend), vers les frontières de la
Carmanie, capitale. — Canasida ou *Tisa* (Tiz).

SOGDIANA.

392. Bornes. — La Sogdiane (Grande Boukharie), à
l'E. de la mer Caspienne, et renfermant le lac *Oxien*
(lac d'Aral), avait pour villes principales :

393. MARACANDA (Samarcand), capitale, sur le *Polymetus* (Sogd). Ce fut dans cette ville qu'Alexandre tua Clitus. Elle est célèbre pour avoir été, au quatorzième siècle, le siége de l'empire du fameux Tamerlan, qui en fit une des plus belles villes de l'Orient.

CYROPOLIS ou *Cyreschata* (Cogend), fondée par Cyrus sur la rive gauche de l'Iaxarte, et la ville la plus reculée de son empire. Elle fut prise et détruite par Alexandre, qui bâtit dans le voisinage : — ALEXANDRIA ULTIMA, en face de laquelle on montrait, de l'autre côté de l'Iaxarte, les autels de Bacchus, d'Hercule, de Sémiramis, de Cyrus et d'Alexandre, qui indiquaient que ces conquérans n'avaient pas été plus loin de ce côté. — NAUTACA (Kech), où fut arrêté Bessus, meurtrier de Darius. Dans ses environs se trouvait *Petra Chorienis* ou *Sisimethræ*, où Alexandre prit Roxane, qu'il épousa dans la suite. Il ne faut pas confondre cette place avec une autre nommée *Petra Oxi* ou *Sogdiana*, au voisinage de l'Oxus, dont Alexandre s'empara avec 300 soldats, quoiqu'elle fût très-forte de sa nature, et défendue par Arimaze, à la tête de 30 mille hommes.

BACTRIANA.

394. BORNES. — La Bactriane proprement dite (Tokaristan), au S. de la Sogdiane, avait pour villes principales :

395. BACTRA ou *Zariaspa* (Balk), capitale de la Bactriane, dont Ninus, roi d'Assyrie, s'empara, grâce au courage de Sémiramis, qu'il épousa dans la suite.

ALEXANDRIA ou *Antiochia*, où furent gardés les prisonniers romains que les Parthes firent à la défaite de Crassus.

SARMATIA ASIATICA.

396. BORNES ET FLEUVES. — La Sarmatie Asiatique s'étendait au N. du Pont-Euxin et du Caucase, depuis le Tanaïs (Don), et le Palus-Méotide, à l'O., jusqu'à la mer Caspienne et la Scythie, à l'E. Les anciens

ignoraient ses bornes au N. Ce pays correspondait en grande partie à la Circassie et à la province du Caucase, qui appartiennent à la Russie. Il était arrosé par le *Tanaïs* (Don), le *Rha* (Volga), et l'*Hypanis* ou *Vardanus.* (Boug).

397. Peuples. — Les peuples les plus connus de la Sarmatie Asiatique sont les *Alains*, fameux par les ravages que, joints aux *Huns*, ils firent en Europe, lors de la décadence de l'empire romain. Ces peuples, ainsi que tous les autres de la Sarmatie, menaient une vie errante, comme les Scythes, dont on croit qu'ils descendaient.

A l'E. du Bosphore Cimmérien, on remarquait, comme nous l'avons dit (29), le petit royaume grec du *Bosphore*.

SCYTHIA.

398. Position, Division, et Fleuve principal. — La Scythie, nom sous lequel les anciens comprenaient tous les pays situés au N. de l'Asie, était divisée par eux en Scythie en deçà du mont Imaüs, *Scythia intra Imaüm*, et Scythie au-delà de l'Imaüs, *Scythia extra Imaüm.* Le seul fleuve que les anciens citent dans ce pays est l'*Iaxarte* (Sihon), que les Scythes appelaient *Silis*, et que les soldats d'Alexandre prirent pour le Tanaïs.

399. Peuples principaux. — 1° Dans la Scythie en deçà de l'Imaüs (Tartarie indépendante) :

Massagetæ, les Massagètes, qui habitaient les plaines à l'E. de la mer Caspienne. Cette nation fut souvent en guerre avec Cyrus, qui tenta vainement de la soumettre. On dit que ces peuples tuaient les vieillards lorsqu'ils commençaient à avancer en âge, et qu'ils en dévoraient la chair.

Sacæ, les Saces, au S. O. des Massagètes. Il paraît que ce fut ce peuple qui eut pour reine Tomyris, qui, selon le récit de Justin, aurait vaincu et tué Cyrus.

Issedones, les Issédons, auxquels Hérodote attribue aussi l'horrible coutume dont nous venons de parler.

400. Argippæi, les Argippéens, hordes sacrées, voisines des Issédons et des Massagètes ; ils habitaient le pied de montagnes très-hautes, se livraient aux pratiques religieuses, et étaient les arbitres de leurs voisins.

Tous ces peuples, depuis le Pont-Euxin, paraissent avoir été assez bien connus des Grecs qui fréquentaient cette mer, et qui commerçaient avec eux.

401. 2° Dans la Scythie au-delà de l'Imaüs (Grand Thibet et Calmoukie), qui n'était connue que d'une manière fort imparfaite, se trouvaient :

Casia regio, dont le nom est resté à Cashgar.

Auzakitis regio, qui paraît être le pays situé au pied des monts Ac-Sou, au N. E. de Cashgar.

Serica (la Sérique), où les marchands grecs se rendaient, et d'où ils rapportaient la matière nommée *serica*, si précieuse dans ce temps, qu'elle se vendait au poids de l'or dans l'empire romain, paraît avoir aussi fait partie de la Scythie au-delà de l'Imaüs ; cependant quelques géographes la placent dans le petit Thibet, la confondant ainsi avec le pays des Issédons, qui avaient pour capitale Issedon (probablement Iskerdon) : mais l'opinion la plus probable est que Sera, capitale de ce pays, est aujourd'hui Seri-Nagar.

INDIA.

402. Bornes.—L'Inde, qui tirait son nom du fleuve nommé *Indus* ou *Sindus,* qui en traverse une partie, était fort peu connue des anciens avant l'expédition d'Alexandre, quoiqu'ils prétendissent que Bacchus et Hercule en avaient fait la conquête. Elle ne le fut même que fort imparfaitement encore long-temps après cette époque. On lui donnait pour bornes, au N., les monts *Émodes* (Himmalaya); à l'O., quelques peuplades scythes, l'Arachosie et la Gédrosie ; au S.,

l'Océan Indien; à l'E., la région des Sines. Ses rivières principales étaient : *Indus* (le Sind), *Ganges* (le Gange). La première reçoit l'*Hydaspes*, sur les bords duquel Alexandre vainquit le roi Porus, qui essaya vainement de lui en disputer le passage, et où il fit construire, avec les sapins qui couvraient les monts Émodes, la flotte sur laquelle il s'embarqua pour descendre l'Indus jusqu'à l'Océan ; et l'*Hyphasis*, qui fut le terme des conquêtes du même prince, qui s'arrêta sur la rive gauche, où il fit élever des autels et établir un camp, dans lequel les lits des soldats étaient d'une grandeur extraordinaire, pour donner une idée gigantesque de son expédition.

Division. — Les deux grands fleuves de l'Inde servaient aux anciens à diviser cette vaste région en trois parties, savoir : l'Inde en deçà de l'Indus, *India cis Indum;* l'Inde entre l'Indus et le Gange, *India intra Gangem;* et l'Inde au-delà du Gange, *India extra Gangem.* Nous allons nommer les peuples et les villes les plus connus des trois parties.

403. I. India cis Indum.—L'Inde en deçà de l'Indus (partie du Caboul et du Béloutchistan) avait pour peuples principaux :

404. Assaceni, peuple puissant, au S. E., qui avait pour capitale : Massaga (Achnagar), prise par Alexandre, qui en massacra les habitans, et y plaça ensuite une colonie.

Astaceni, autre peuple, vers la partie occidentale du cours de l'Indus, qui avait une forteresse nommée Aornos (près de Khanepour), qu'on disait n'avoir pu être prise par Hercule, et qui le fut par Alexandre.

405. On trouvait encore dans cette partie de l'Inde les villes suivantes : — Nisa ou *Dionysopolis* (Noughz ou Deva Naoucha-Nagar, ville du divin Bacchus), sur le Cophès (Cow). On y adorait le dieu dont elle porte le nom. — Xylenopolis, ou la ville de bois (Lahevi), construite par Alexandre sur une des branches les plus occidentales de l'Indus, pour protéger sa flotte. — Alexandri portus, port dans lequel la flotte de

Néarque resta vingt-quatre jours. — PATALA (Braminabad, près de Tatta), à l'angle que forme l'Indus, en se partageant en deux branches principales; capitale de l'île de *Patalene*, formée par les deux bras du fleuve et l'Océan. C'est de là que partit Néarque pour se rendre par la mer et l'Euphrate à Babylone.

406. II. INDIA INTRA GANGEM. — L'Inde entre l'Indus et le Gange (partie E. du Caboul et Hindoustan) renfermait les villes suivantes :

407. TAXILLA (Attok), où Alexandre passa l'Indus.

BUCEPHALA, fondée par ce prince en l'honneur de son cheval.

LAHORA (Lahore), capitale du royaume de Porus.

SERINDA (Sir-Hind), d'où les vers à soie furent apportés par deux religieux à l'empereur Justinien.

408. NICÆA, vis-à-vis l'île de Jamad, bâtie sur l'Hydaspe par Alexandre, après sa victoire sur Porus.

BARIGAZA (Broach), la ville la plus commerçante de cette contrée. Elle donnait son nom au golfe sur lequel elle était située (golfe de Cambaye).

PALIBOTHRA (Patelpouter), sur la rive droite du Gange, capitale d'un puissant empire fondé par Sandrochotus, l'un des compagnons d'Alexandre. On trouvait, au N. de cette partie de l'Inde, le pays des Oxydraques, où Alexandre faillit perdre la vie, et au S., sur la côte de Malabar, le pays de Pandion, *Pandionis regio*, qui tirait son nom d'un prince qui avait régné sur cette contrée, et terminé au S. par le promontoire *Comaria* (cap Comorin). Au N. de ce pays s'étendait celui qui était connu autrefois sous le nom de *Dachinabades* ou *Dechanabades* (Décan).

409. ILE. — Au S. de l'Inde on place l'île de Taprobane, *Taprobana insula* (probablement Ceylan), qui paraît avoir été découverte par les Grecs peu de temps après l'expédition d'Alexandre dans l'Inde, et qui fut connue des Romains, sous l'empire de Claude, par la description que donnèrent à Rome des ambas-

sadeurs envoyés par un des souverains de ce pays, description évidemment exagérée, et qui avait fait croire aux anciens que cette île était beaucoup plus étendue qu'elle ne l'est réellement.

410. III. INDIA EXTRA GANGEM. — L'Inde au-delà du Gange (une partie du Thibet et presqu'île au-delà du Gange), était encore moins connue des anciens que la précédente. La seule contrée qui paraisse mériter quelque attention est celle qu'ils nommaient :

AUREA CHERSONESUS (presqu'île de Malaca), située entre le golfe du Gange à l'O., et le grand golfe, *Magnus Sinus* (golfe de Siam), à l'E. La plupart des interprètes de l'Écriture veulent que ce soit l'Ophir de Salomon ; mais cette opinion paraît peu vraisemblable. On trouvait dans ce pays *Thinæ* (Tana-Serim), avec un port nommé *Catigara* (Merghi).

SINARUM REGIO.

411. La région des Sines (royaumes de Siam et d'Anam) n'était connue des anciens que de nom. Ils y comprenaient tous les pays à l'E. du *Magnus Sinus* (golfe de Siam). Les peuples de cette contrée prirent leur nom des *Tsin* ou Chinois, qui occupaient d'abord la Sérique, mais qui, vers l'an 230 avant J.-C., envahirent le pays dont nous parlons. Il paraît que c'était de ces dernières contrées que les anciens tiraient l'étoffe qu'ils appelaient *sericum*, qui était une étoffe de soie, tandis que celle qu'ils tiraient de la Sérique, sous le nom de *serica materies*, était peut-être l'étoffe nommée aujourd'hui *cachemire*.

AFRICA, vel LIBYA.

412. BORNES ET DIVISIONS. — Les anciens n'étendaient pas le nom d'Afrique à tous les pays qu'ils connaissaient dans cette partie du monde. Celui de Libye
paraît avoir été le nom générique, tandis que celui
d'Afrique appartenait plus spécialement au pays de
Carthage. Ses bornes étaient le détroit de Gadès et la
mer Intérieure, au N.; l'Océan Atlantique, à l'O.; le
golfe Arabique et l'Océan Erythrée, à l'E. Les anciens
ignoraient les bornes de l'Afrique au S. ; leurs connaissances ne s'étant pas étendues au-delà du cap qu'ils
nommaient *Hesperi cornu* (cap de Nun), sur la côte
occidentale, et du cap *Prasum* (cap de Brava), sur
la côte orientale. L'Afrique se divisait en six grands
pays, savoir : l'*Egypte*, l'*Ethiopie*, la *Libye*, l'*Afrique propre*, la *Numidie* et la *Mauritanie*.

ÆGYPTUS*.

413. BORNES ET DIVISIONS.—L'Égypte, appelée dans
les livres saints *Misraïm*, a conservé ces deux noms,
puisque les Européens l'appellent encore aujourd'hui
Egypte, et les Turcs *Missir*. Ce pays, qui a été peuplé
de bonne heure, et que l'on regarde comme le berceau des sciences et des arts, forme une vallée de
200 lieues de long, fertilisée par les inondations du
Nil. Elle était bornée au N. par la mer Intérieure ; à
l'O., par les déserts sablonneux qui la séparaient de
la Libye ; au S., par l'Éthiopie, avec laquelle elle ne
communiquait que difficilement par des passages fort

---

* Consultez, pour ce pays et les suivans, les cartes ASIE
ANTIQUÆ *pars occidentalis* et IMPERIUM ROMANUM.

le trésor de ce prince, après sa malheureuse expédition contre les Ethiopiens.

Napata, sur la rive droite du Nil, capitale des États de la Candace, ou reine d'Ethiopie, qui envoya des ambassadeurs à Auguste pour obtenir la paix, après l'expédition de Pétronius, dont les troupes pillèrent cette ville.

Meroe Insula, l'île ou, pour mieux dire, la presqu'île de Méroë, formée par l'*Astapus* et l'*Astaboras*, les deux principaux affluens du Nil, renfermait un des plus puissans royaumes de l'Ethiopie, qui pouvait mettre sur pied jusqu'à 250 mille hommes. Il avait pour capitale : Meroe, sur le Nil, fondée, à ce que l'on croyait, par Cambyse, roi de Perse.

Megabari, les Mégabares, grande nation à l'O. du Nil et de l'île de Méroë : elle avait quelques villes, mais la plus grande partie était nomade, et se nourrissait de la chair des éléphans.

Memnones, les Memnons, autre grand peuple, qui habitait au N. de l'île de Méroë, entre le Nil et l'Astapus (partie du Sennaar). On y recueillait le cinnamome, espèce de cannelle, et la myrrhe. C'est sans doute ce pays que les anciens désignaient sous le nom de *Cinnamomifera Regio*.

426. On trouvait encore au S. de l'Ethiopie les villes suivantes :

Auxume (Axoum, en ruines), capitale du royaume des Axumites; elle offre de beaux restes d'antiquités. Ce fut la première ville de l'Abyssinie qui reçut la religion chrétienne.

Semen, au S. d'Auxume, capitale d'une province qui a conservé son nom.

C'est au S. de ces pays, vers les sources du Nil, que les récits fabuleux de l'antiquité plaçaient les Pygmées.

427. Rapprochons-nous maintenant des côtes : nous trouverons d'abord sur celles de la mer Rouge :

TrogloditÆ, les Troglodites (côte d'Habesh), peuples qui tiraient leur nom de leurs habitations, qui étaient des cavernes, et dont une partie portait aussi le nom d'*Ichtyophages*. On trouvait près de cette côte une île nommée *Ophiodes*, l'île aux Serpens, ou *Topazos*, à cause des pierres précieuses appelées topazes, qui s'y trouvaient en abondance. Sur la côte étaient les villes suivantes :

BÉRÉNICE, surnommée *Pan-chrysos*, c'est-à-dire toute d'or, parce qu'elle était située au pied d'une montagne où se trouvaient des mines de ce métal.

ADULIS, sur un golfe auquel elle donnait son nom, port qui était comme l'entrepôt de toutes les marchandises de l'intérieur de l'Éthiopie, qui passaient de là en Arabie et en Asie.

BÉRÉNICE, surnommée *Epi-Dire*, d'un promontoire appelé *Dire*, situé près du détroit du même nom, qui faisait communiquer le golfe Arabique avec le golfe *Avalites*, formé par l'Océan Erythrée.

428. Les bords du golfe *Avalites* (côtes septentrionales du royaume d'Adel) étaient habitées par les Avalites, *Avalitæ*, dont les principales villes étaient :

AVALITES (Zeïla), ville très-commerçante.

MOSYLON, port d'où s'exportait le cinnamome, et le terme des conquêtes de Sésostris de ce côté.

Vis-à-vis le promontoire *Aromata* (cap Guardafui), situé à l'extrémité méridionale de cette côte, est placée une île nommée par les anciens *Dioscorides* (Socotora).

Au-delà s'étendait, le long de la côte de l'Océan Erythrée, la contrée désignée par les géographes anciens sous le nom de *Barbaria*, et dont l'intérieur portait celui d'*Azania*, d'où est venu le nom actuel (côte d'Ajan). On y trouvait :

RAPTA (Bandel-Veilho), à peu de distance de la mer, sur une rivière nommée *Raptus* (Doara). Cette ville faisait un grand commerce de dents d'éléphans.

Le pays qui s'étendait au S. était habité par des anthropophages.

429. Le cap *Prasum* (cap de Brava) paraît avoir

été la limite des connaissances des Grecs et des Romains en Afrique; cependant quelques géographes placent beaucoup au S., dans le royaume de Sofala, sur la côte du Monomotapa, le pays d'*Ophir*, d'où les flottes de Salomon rapportaient l'or et les parfums précieux. L'opinion de ceux qui placent cette contrée en Arabie (362) paraît néanmoins la plus vraisemblable.

LIBYA.

430. BORNES. — La contrée qui portait particulièrement le nom de Libye était bornée au N. par la mer Intérieure, qui prenait sur ces côtes le nom de mer d'Afrique ou de Libye; elle avait à l'E. l'Egypte et l'Ethiopie, dont la partie intérieure la bornait aussi au S.; à l'O., elle touchait la Tripolitane, l'une des provinces désignées sous le nom d'Afrique propre. On la divisait en deux parties: *Libye Maritime* et *Libye Intérieure.*

I. LIBYA MARITIMA.

431. La Libye Maritime (pays de Derne ou de Barca) occupait tout le nord de la Libye, le long des côtes, et s'étendait peu dans l'intérieur. Elle se divisait en deux provinces: la *Marmarique,* à l'E., et la *Cyrénaïque,* à l'O.

432. I. MARMARICA.—La Marmarique était habitée par plusieurs peuples, la plupart nomades, dont les principaux étaient:

ADYRMACHIDÆ, les Adyrmachides, sur les bords de la Méditerranée, avec une ville nommée PARÆTONIUM (Al-Baretoun), la seule remarquable que l'on trouvât sur la côte de la Marmarique.

433. AMMONII, les Ammoniens, qui occupaient les Oasis situées au milieu du désert, et dont la principale était celle que l'on nommait AMMON (Syouah), où l'on trouvait le fameux temple de Jupiter, qui, avec les bâtimens qui l'entouraient, formait une es-

pèce de ville. Alexandre le Grand faillit périr dans les sables avec son armée, en allant le visiter.

434. II. CYRENAÏCA.—La Cyrénaïque, appelée aussi *Pentapole*, parce qu'elle renfermait cinq villes principales, s'étendait le long de la mer jusqu'à la *Grande Syrte*. Les cinq villes étaient :

435. CYRÈNE (Kuren), grande ville grecque, qui donna son nom à la province; fondée par des habitans de l'île de Théra dans l'Archipel, 631 ans avant J.-C., et patrie du philosophe Aristippe et du poète Callimaque. Elle fut la capitale d'un état qui resta assez long-temps indépendant, et résista toujours aux Carthaginois, qui eurent avec les Cyrénéens, au sujet de leurs frontières, une discussion terminée par le dévouement des frères Philènes, qui consentirent à être enterrés vifs au lieu qui prit le nom de *Philenorum arœ*, à cause des autels qu'on leur éleva. Ces autels marquaient la limite des deux territoires.

DARNIS (Derne), à l'E. de Cyrène.— APOLLONIA (Marsa-Souza), au N. E. de Cyrène, dont elle était le port.— PTOLEMAIS (Tolometa), au S. O. de Cyrène, ville riche et commerçante, avec un port. — BERENICE, auparavant HESPERIS (Bernic), au bord de la grande Syrte. Quelques anciens plaçaient près de cette ville le jardin des Hespérides, qui n'a jamais existé que dans l'imagination des poètes.

436. Vers la grande Syrte habitaient :

NASAMONES, les Nasamons, qui vivaient de sauterelles. Ils furent anéantis par les Romains, sous le règne de Domitien.

PSYLLI, les Psylles, qui étaient une autre nation voisine des Nasamons. Ils prétendaient posséder le secret de charmer les serpens, ou plutôt de guérir, en les suçant, les blessures faites par ces reptiles.

II. LIBYA INTERIOR.

437. La Libye intérieure (Grand désert de Sahara) s'étendait au S. et au S. O. de la Cyrénaïque, depuis l'Egypte, à l'E., jusqu'à l'Océan Atlantique, à

l'O. Cette partie de l'Afrique était fort mal connue des anciens, et ne nous l'est à nous-mêmes que très-imparfaitement. Ses principaux peuples étaient :

438. GARAMANTES, les Garamantes, à l'O. de l'Egypte et de l'Ethiopie au S. de l'Egypte, séparés de la Libye Maritime par de vastes déserts de sable.

GÆTULI, les Gétules, au S. de la Numidie et de la Mauritanie, et à l'O. des Garamantes: ils s'étendaient, au S., jusqu'au *Niger* ou *Nigris* (Niger). Cette grande nation comprenait plusieurs peuples particuliers, tels que les *Autololes*, vers le rivage de l'Océan Atlantique ; les *Gætuli Daræ*, plus à l'E. ; les *Perorsi* et les *Pharusii*, plus au S. ; enfin, les *Melano-Gætuli* ou Gétules noirs, et les *Nigritæ*, au S. du grand désert, sur les bords du Niger.

439. Une partie de la côte de l'Océan Atlantique fut découverte par Hannon, amiral carthaginois, que ses compatriotes chargèrent d'aller reconnaître ces contrées, et d'y établir des colonies. On ignore l'époque de cette expédition, qui paraît s'être terminée, non vers le cap des Trois-Pointes, comme l'ont cru plusieurs géographes, mais vers l'embouchure de la rivière de Nun, à 270 lieues environ des colonnes d'Hercule.

440. On trouvait sur les côtes de l'Océan Atlantique plusieurs îles, dont les plus connues étaient :

CERNE INSULA (île Fedal), avec laquelle les Carthaginois faisaient un grand commerce d'échange.

HESPERIDES INSULÆ, dont le nom signifie *Iles du couchant* (Lancerote et Fortaventure ; celles des Canaries qui se rapprochent le plus de l'Afrique).

FORTUNATÆ INSULÆ (les autres Canaries), qui devaient leur nom à la douceur de l'air qu'on y respire, et à leur fertilité, avantages bien exagérés par les poètes, qui y ont placé les Champs-Élysées.

AFRICA PROPRIA.

441. BORNES ET DIVISIONS. — L'Afrique propre (régences de Tunis et de Tripoli), appelée aussi Afrique

7*

Carthaginoise, parce qu'elle renfermait le siége de cette fameuse république, était bornée, au N., par la mer d'Afrique ou de Libye ; à l'O., par la Numidie ; au S., par la Gétulie, partie de la Libye Intérieure, et à l'E., par la grande Syrte et la Cyrénaïque. Elle se divisait en trois provinces : la *Tripolitane*, la *Byzacène* et la *Zeugitane*.

442. I. TRIPOLITANA.—La Tripolitane (régence de Tripoli) était appelée aussi *Syrtique* à cause de sa position entre les deux *Syrtes*. Elle tirait son premier nom de ses trois villes principales, savoir :

443. LEPTIS MAGNA (Lebida, en ruines).

OEA (Tripoli), au N. O. de Leptis.

SABRATA (Sabart ou le vieux Tripoli); colonie romaine à l'O. d'OEa.

444. Vers la petite Syrte se trouvait l'île de *Meninx* ou des *Lotophages*, c'est-à-dire mangeurs de lotos, avec une capitale du même nom. Le lotos est un arbuste qui produit un fruit délicieux, bon à manger et à faire une boisson enivrante. On croit que c'est le *jujubier de Séédra*. Le nom de Lotophages était donné aussi à plusieurs peuplades de la Tripolitane, qui habitaient aux environs de la petite Syrte.

445. II. BYZACENA.—La Byzacène (partie de la régence de Tunis), au N. O. de la Tripolitane, avait au N. la Zeugitane. Ses villes les plus remarquables étaient :

446. BYZACIUM ou *Byzacina* (Beghni), qui donnait son nom au pays, près de la petite Syrte, dans laquelle les vaisseaux d'Enée, selon le récit de Virgile, furent jetés par une tempête.

HADRUMETUM, ruinée, au N. E. de Byzacium, colonie phénicienne. Ce fut près de cette ville que César débarqua à son arrivée en Afrique.

447. THENÆ (Taineh), la première place dont César se rendit maître en Afrique. — TYSDRUS (El-jem), au N. de *Thenæ*, à quelque distance de la mer. C'est là que Gordien, proconsul d'Afrique, faisait sa résidence quand il fut proclamé empereur

par les Africains conjurés contre Maximin. — LEPTIS MINOR (Lemta), au N. de Tysdrus; surnommée *la petite* pour la distinguer de celle de la Tripolitane. C'était néanmoins une ville considérable.—THALA ou *Thelepte*, au S. de la Byzacène, place forte où Jugurtha avait la plus grande partie de ses trésors et ses enfans, lorsqu'elle fut assiégée par Quintus Metellus. Ses habitans se précipitèrent dans les flammes plutôt que de se rendre. — CAPSA (Cafsa), au S. E. de Thala, place forte, prise et ruinée par C. Marius.

448. Île.—On trouvait sur la côte de la Byzacène l'île appelée *Cercina* (Kerkéni), fertile en blé. Elle avait de bons ports et une capitale qui portait le même nom.

449. III. ZEUGITANA. — La Zeugitane (partie occidentale de la régence de Tunis), s'étendait le long de la mer Intérieure, depuis la Byzacène, au S. E., jusqu'à la Numidie, à l'O. Elle était arrosée par le *Bagradas* (Megherda), le fleuve le plus considérable de l'Afrique propre, et célèbre par l'énorme serpent que l'armée de Régulus eut à combattre sur ses bords. Ses villes principales étaient :

450. CARTHAGO, Carthage, colonie de Tyr, fondée par Didon, selon Virgile, et située sur une presqu'île dans le golfe de Tunis. Devenue riche et puissante par son commerce, elle fut long-temps la rivale de Rome, qui, après trois guerres cruelles, finit par en triompher, et la renversa de fond en comble. Rebâtie depuis par Jules César, elle fut détruite de nouveau par les Arabes à la fin du septième siècle. Sa citadelle se nommait *Byrsa*, et son port *Cothon*. C'est la patrie de Térence, poète comique.

ZAMA (Zag), près de laquelle se livra la sanglante bataille dans laquelle Annibal fut entièrement défait par le premier Scipion l'Africain. Elle fut dans la suite la capitale du royaume de Juba.

UTICA (Satcor), près de l'embouchure du Bagradas, colonie de Tyr, et la première ville de l'Afrique propre, après Carthage. Elle est célèbre par la mort du second Caton, surnommé *Caton d'Utique.*

TUNES (Tunis), était déjà une place importante quand Régulus s'en rendit maître. — ASPIS ou CLYPEA (Aclybia), près de laquelle le consul Marcus Valérius défit sur mer les Carthaginois, et dont les consuls Régulus et Manlius firent une place d'armes pendant la première guerre Punique. — HIPPO-ZARYTOS (Bensert), à l'O. d'Utique, colonie phénicienne. — MADAURUS, détruite, dans l'intérieur; patrie du philosophe Apulée.

LAC. — Dans l'intérieur du pays se trouvait un lac qui portait le nom de *Tritonis palus,* d'où Minerve était appelée *Tritonia,* parce que cette déesse s'était, disait-on, montrée pour la première fois sur les bords de ce lac.

NUMIDIA.

451. BORNES. — Avant le règne d'Auguste, on comprenait, sous le nom de Numidie (régence d'Alger), tous les pays situés sur la côte de la mer Intérieure, depuis le *Rubricatus* ou *Tusca,* qui la séparait de l'Afrique propre, à l'E., jusqu'au *Molochath* ou *Malva,* qui la bornait du côté de la Mauritanie, à l'O. Ces pays avaient, au S., la Libye Intérieure. Ils étaient divisés en deux parties par l'*Ampsagas* (Wad-al-kibir), fleuve qui coule du S. E. au N. O., et se rend dans la mer Intérieure. Les pays à la droite du fleuve étaient occupés par les *Numides Massyliens,* et ceux qui sont à la gauche, par les *Numides Massésyliens.* Sous les Romains, tout ce qui est à la gauche du fleuve fut réuni à la Mauritanie, et en forma une des parties sous le nom de *Mauritanie Césarienne.* Nous la décrirons en parlant de la Mauritanie, et nous ne parlerons ici que de la partie qui conserva le nom de Numidie. On y trouve le *Pappua mons* (mont Edoug), au N., où se retira Gélimer, dernier roi des Vandales, après avoir été vaincu par Bélisaire. Ses principales villes étaient :

452. HIPPO-REGIUS, Hippone (Bona), à l'E., sur un golfe qui porte son nom. Elle tire son plus grand lustre de saint Augustin, qui en fut évêque.

CIRTA, appelée *Constantina* (Constantine) par Constantin le Grand, qui la restaura. C'était la ville la plus riche et la plus considérable de la Numidie, surtout sous le règne de Massinissa et de ses successeurs, dont elle était la capitale.

TAGASTE (Tajelt), au S. d'Hippone; célèbre pour avoir donné naissance à saint Augustin, l'une des lumières de l'Église.

MAURETANIA.

453. BORNES ET DIVISION. — La Mauritanie, dans sa plus grande étendue, c'est-à-dire en y comprenant la partie occidentale de la Numidie, avait pour bornes la mer Intérieure et le détroit de Gadès, au N., l'Océan Atlantique, au S. O., et le fleuve Ampsagas, au S. E. Elle était séparée, au S., du pays des Gétules par le mont Atlas. Elle se divisait en deux provinces : la *Mauritanie Césarienne*, au S. E., et la *Mauritanie Tingitane*, à l'O.

454. I. MAURETANIA CÆSARIENSIS. — La Mauritanie Césarienne (partie occidentale de la régence d'Alger), dont nous avons déjà parlé, avait pour villes principales :

455. CÆSAREA (Dahmus), sur la mer, capitale de la province et patrie de l'empereur Macrin.

SIGA (Ned-Roma), à l'O., à peu de distance de la mer; elle était la capitale de Syphax, avant qu'il eût dépouillé Massinissa de ses États. On y trouve des restes d'antiquités romaines.

SITIFI (Sétif), dans l'intérieur, ville assez considérable, qui devint dans le moyen âge la métropole d'une province appelée *Mauretania Sitifensis*.

TUBUNA (Tubnah), vers le mont Aurasius; aux environs de cette ville étaient les *Musulani*, peuple puissant qui se révolta sous l'empire de Tibère, qui eut beaucoup de peine à le réduire.

456. II. MAURETANIA TINGITANA. — La Mauritanie Tingitane (empire de Maroc), qui s'étendait jusqu'à l'Océan Atlantique, à l'O., avait pour villes principales :

457. TINGIS (Tanger), près du détroit de Gadès. Elle donnait son nom à cette partie de la Mauritanie dont elle était la capitale. On y montrait le corps d'Antée, regardé comme un géant étouffé par Hercule.

SEPTA ou ABYLA, vis-à-vis Gibraltar, sur une montagne que l'on regardait comme une des colonnes d'Hercule. — LIXUS (Larache), sur l'Océan Atlantique, fondée par les Phéniciens, et augmentée par une colonie Romaine. C'est là que l'on fixe le siége du royaume d'Antée. Quelques auteurs y placent aussi le jardin des Hespérides.

C'est par cette partie de l'Afrique que les Arabes ou Sarrasins passèrent en Espagne, et c'est de là qu'ils ont tiré leur nom de *Maures*. Ils pénétrèrent jusqu'au sein de la France, où ils furent défaits complétement entre Tours et Poitiers, l'an 732, par Charles-Martel, qui arrêta le cours de leurs conquêtes.

FIN.

TABLE ALPHABÉTIQUE

DES NOMS CITÉS DANS LA GÉOGRAPHIE ANCIENNE.

A

B

166

E

F

I

P

Q

R

S

T

FIN DE LA TABLE.

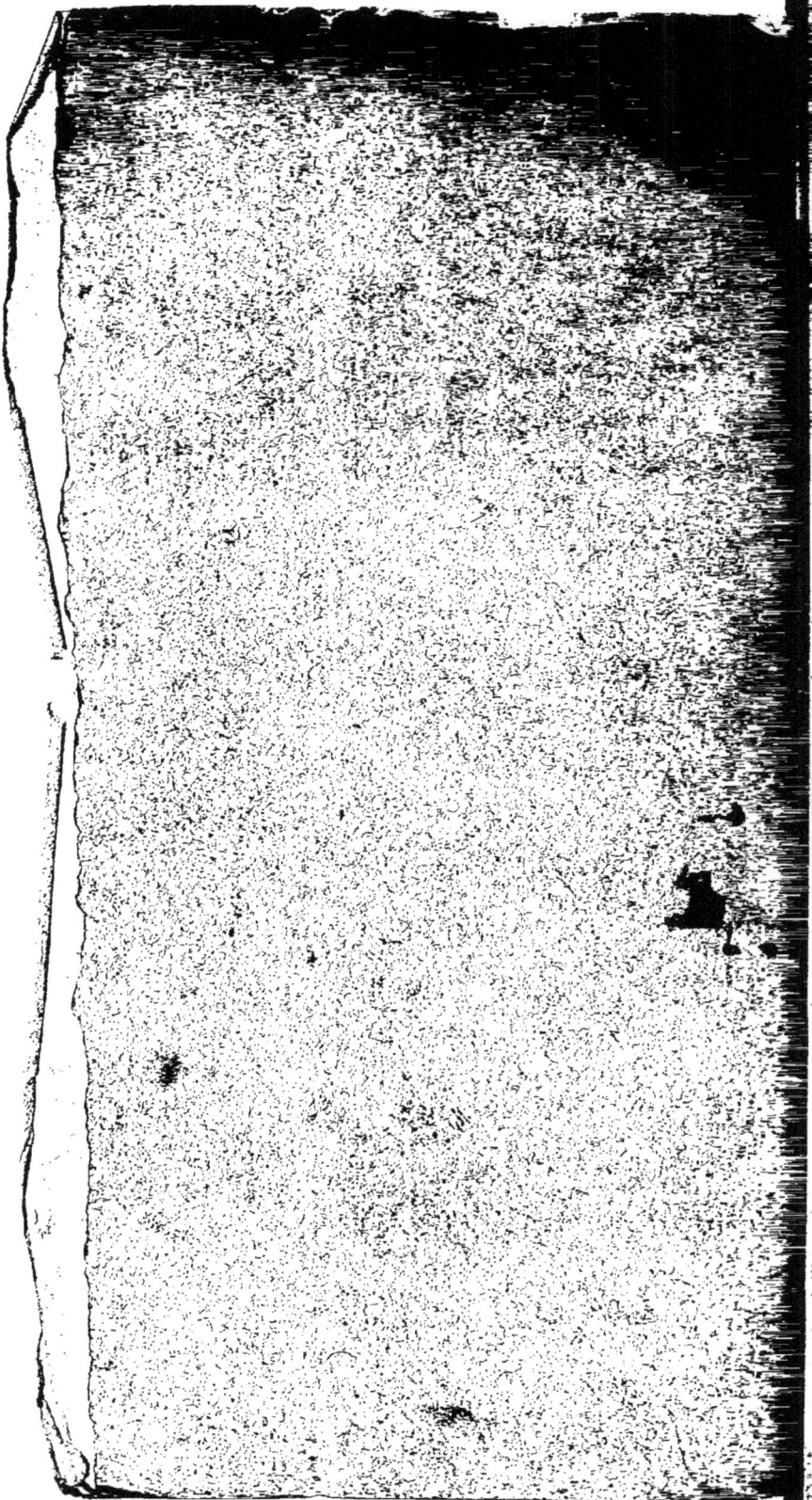